Metanoia

Amiga,

Espero que goste deste
livro, que Maria te ilumine
sempre!!!

Beijos
Daniela
nov./18.

Metanoia

Wi-Fé: descubra a senha que vai
revolucionar a sua vida

**Padre
Marcelo
Rossi**

principium

Texto fixado conforme as regras do Acordo Ortográfico da Língua Portuguesa (Decreto Legislativo nº 54, de 1995).

Todas as citações bíblicas foram retiradas da *Bíblia Sagrada Ave-Maria*, da Editora Ave-Maria. Todos os direitos reservados.

Editor responsável: Guilherme Samora
Editora assistente: Tamires Cianci von Atzingen
Projeto gráfico e diagramação: Crayon Editorial
Revisão: Natalia Aranda, Amanda Moura
Design de capa: Renata Zucchini
Consultor editorial: Claudio Fragata
Foto de capa: Cauê Moreno

CIP-BRASIL. CATALOGAÇÃO NA PUBLICAÇÃO
SINDICATO NACIONAL DOS EDITORES DE LIVROS, RJ

R743m

Rossi, Padre Marcelo, 1967-
    Metanoia : Wi-Fé: descubra a senha que vai revolucionar a sua vida / Padre Marcelo Rossi. - 1. ed. - São Paulo : Principium, 2018.
    136 p. : il. ; 21 cm.

    ISBN 978852506464-6
    1. Religiosidade. I. Título.

18-47390   CDD: 248
                                CDU: 2-584

1ª edição, 2018

Editora Globo S.A.
Rua Marquês de Pombal, 25
20230-240 — Rio de Janeiro — RJ — Brasil
www.globolivros.com.br

Dedico este livro à razão de ser da minha vida, à verdadeira senha que, ao longo de sua leitura, você irá descobrir: Jesus! Perceba que eu não disse apenas viver, eu disse ser, existir. Para a Glória de Deus Pai, no poder do Espírito Santo, um só Deus em três pessoas. (Fl 2,6-11)

Aos meus queridos papas João Paulo II, Bento XVI e Francisco e, principalmente, à minha mamãe do Céu e Rainha, Maria, a Imaculada; aos anjos Miguel, Gabriel e Rafael; ao meu anjo da guarda e a meus intercessores no céu: São Francisco, Santa Teresa d'Ávila, São João da Cruz, Padre Pio, São Patrício, São Bento, São João Bosco e, de um modo muito especial, à Santa Terezinha do menino Jesus e da Sagrada Face.

Sumário

Agradecimentos

À minha família de sangue: minha mãe, Vilma, meu pai, Antônio, minha irmã Mônica, meus amados sobrinhos, Matheus e Lucas e, em especial, à minha irmã Marta, que me ajudou a elaborar este livro.

Da família Mendonça, agradeço aos tios Ede e Wilson (†), Sérgio e Elza, Zé Mendonça e Vera, Leda e Cláudio; José Alves (†) e Yolanda (†).

Da família Rossi, agradeço aos tios Vera e José e a todos os meus primos.

Aos meus padrinhos espirituais na Terra: padre Robert DeGrandis, monsenhor Jonas Abib, minhas amadas Tia Laura (†) e Patti Mansfield e ao casal Kátia (RCC) e Sérgio.

Aos meus amigos Estelinha, ao meu pai espiritual que me ordenou sacerdote, dom Fernando Antônio Figueiredo, e aos meus queridos afilhados, padres Fabinho e Anderson.

Ao Dr. Augusto, Aninha, Rogério, Galvão, Agnaldo, Tony, Rui, Chicão, Márcio, Jonas, Maria, equipe de música, enfim, a todos da equipe de voluntários do Santuário.

À equipe da Globo Livros, em especial ao Mauro Palermo e à Sara Ghandour, com quem vou trabalhar muito na peregrinação que farei com esta obra.

Ao meu querido bispo D. José Negri, missionário do PIME, que Santa Terezinha mandou para me auxiliar na minha missão de evangelizar com ardor missionário.

Obrigado, Senhor, por todo o aprendizado nos 7 meses e 22 dias que vivi em depressão.

Agradeço a você, meu querido filho e filha espiritual, que me lê neste momento, para quem eu escrevi este livro.

Por último, agradeço a Jesus pelo amor Ágape, o amor incondicional. Jesus, eu te amo!

Assino como quero ser lembrado: uma alma eternamente apaixonada por Jesus,

PADRE MARCELO MENDONÇA ROSSI.

Um amigo fiel é uma poderosa proteção:
quem o achou, descobriu um tesouro. **(Eclo 6,14)**

Introdução

Filhas e filhos amados,

É muito bom estar com vocês por meio de um novo livro. Como das outras vezes, escolhi uma palavra de origem grega para dar título a este trabalho. O grego foi muito usado entre os antigos cristãos, tanto que as primeiras Bíblias foram escritas nesta língua e também em aramaico e hebraico. Aliás, a própria palavra Bíblia vem do grego e significa "livros", pois ela é, na verdade, a reunião de vários escritos.

Cheguei à palavra *Metanoia* depois de muito pensar no tema desta obra. Ouvindo os fiéis que me procuram no Santuário Mãe de Deus em busca de alívio para suas dores ou lendo os e-mails que recebo diariamente dos ouvintes do meu programa de rádio, repletos de desabafos e pedidos de consolo, percebi que a causa de muitos desses problemas está na dificuldade que as pessoas têm de mudar de ideia, de refletir sobre os próprios erros e renovar o pensamento. E, do ponto de vista espiritual, de se converter para o autêntico Cristianismo e entregar suas vidas nas mãos de Jesus.

Certa manhã, enquanto fazia minhas orações e me preparava para mais um dia, pensei na queixa de uma mulher com quem havia conversado no dia anterior. Disse-me que seu casamento estava abalado porque o marido insistia em agir de um modo que ela não aprovava e que já estava desistindo de mudá-lo, que estava pensando até em trocar de religião para tentar salvar seu casamento.

Refleti por instantes a respeito dessa conversa. Quanto mal-entendido! Quanta incompreensão! Um marido que se recusa a mudar e uma esposa que quer transformá-lo em outra pessoa. Ninguém muda ninguém. As verdadeiras mudanças ocorrem de dentro para fora de nós. Só muda quem quer e a Palavra de Deus existe para promover essa mudança profunda. Trocar de religião de nada adianta quando as pessoas estão fechadas para Cristo e não confiam em Seu poder. Elas se esquecem de que Jesus quer segurar nossas mãos e seguir conosco em nossa jornada na Terra.

Foi então que me veio a seguinte certeza: era preciso falar da mudança de mentalidade. Exatamente como recomenda Paulo no Novo Testamento: "Não vos conformeis com este mundo, mas transformai-vos pela renovação do vosso espírito, para que possais discernir qual é a vontade de Deus, o que é bom, o que lhe agrada e o que é perfeito" **(Rm 12,2)**.

Era hora de pensar no título. Decidi seguir o mesmo critério usado em meus livros anteriores, cujos títulos foram retirados do grego, exceto *Ruah*, que vem do hebraico. *Ágape*, que significa o amor divino, traduz muito bem o assunto de minha primeira publicação, que é o amor incondicional de Deus pela humanidade. Gostei tanto que repeti a fórmula nos livros seguintes. *Kairós* tinha para os gregos antigos o significado de "momento certo" e serviu como uma luva para definir o meu tema: o tempo que Deus reserva para cada um de nós. No terceiro livro dessa "trilogia", usei *Philia*, que em grego significa amizade ou amor profundos, para tratar do amor fraternal.

E, agora, para falar da importância da mudança de mentalidade, não havia melhor palavra que *Metanoia* (do grego μετανοεῖν), que significa justamente mudança profunda e radical da mente, incluindo nossa percepção, nossa compreensão, nossas emoções, nossas opiniões, nosso juízo e nossa vontade. Ou seja, é a mudança interior do homem em sua totalidade. Teologicamente, pode-se dizer que o termo significa a transformação de pensamento e de caráter por meio da iluminação do Espírito Santo e da aproximação com Deus.

Minhas filhas e meus filhos amados: Jesus quer que vocês mudem e encontrem um novo caminho na vida, que os levará à cura de suas feridas internas e ao encontro da paz e do amor de Deus. A cada capítulo deste livro, vocês viverão a experiência única de serem transformados intimamente pelo poder do Espírito Santo e pela intercessão da Virgem Maria. Só uma mudança profunda e irrevogável na mente trará a libertação de todas as dores e a esperança na Vida Eterna.

Finalmente, não é por acaso que este livro será publicado no mesmo ano em que a Renovação Carismática Católica (RCC) celebra cinquenta e um anos de atuação. Para quem não sabe, o movimento surgiu quando jovens universitários, reunidos em um retiro espiritual realizado em fevereiro de 1967, nos Estados Unidos, reviveram, em plena era moderna, o Pentecostes dos Apóstolos de Jesus Cristo. Do mesmo modo, começaram a falar outras línguas e foram iluminados pelo poder do Espírito Santo.

Foi uma experiência que só pode ser chamada de *Metanoia*, pois todos os participantes tiveram a mentalidade para sempre transformada pelo poder de Jesus. Desde então, o Espírito Santo, sob a condução da RCC, foi sendo derramado e espalhado pelos quatro cantos do planeta, realizando mudanças profundas nas pessoas e permitindo que elas tivessem uma nova intimidade com Deus.

Com este livro sinto que estou, graças à dádiva sacerdotal a mim concedida por Deus, contribuindo para que o fenômeno iniciado no retiro de 1967 tenha continuidade e que a luz do Espírito Santo recaia do mesmo modo sobre cada leitor. Para isso, é preciso apenas que vocês, filhas e filhos, abram o coração e deixem Jesus entrar. Somente assim meu livro poderá ser um instrumento de mudança e a Metanoia acontecerá em suas vidas.

Amados, a Metanoia é um processo diário, pois estamos sempre em construção. Cada dia é uma nova oportunidade para nos aproximar de Deus, uma nova chance para submetermos nossa mente e nosso coração exclusivamente a Ele. Desse modo, viveremos em fraternidade e na alegria de sermos cristãos. Que meu livro seja para vocês o primeiro passo desse caminhar.

Em nome de Jesus, eu, Padre Marcelo, como sacerdote da Igreja, peço que o derramamento do Espírito Santo aconteça agora mesmo em você que está lendo este livro.

Que cada capítulo seja para você uma nova experiência com Deus. Que cada frase aqui escrita sirva para enraizar em seus pensamentos a Palavra Divina. Acredite: uma nova mentalidade está surgindo.

Boa leitura, filhas e filhos.

Eu os abençoo em nome do Pai, do Filho e do Espírito Santo.

PADRE MARCELO ROSSI

1
Metanoia com Maria

1 *Três dias depois, celebravam-se bodas em Caná da Galiléia, e achava-se ali a mãe de Jesus.* **2** *Também foram convidados Jesus e os seus discípulos.* **3** *Como viesse a faltar vinho, a mãe de Jesus disse-lhe: "Eles já não têm vinho".* **4** *Respondeu-lhe Jesus: "Mulher, isso compete a nós? Minha hora ainda não chegou".* **5** *Disse, então, sua mãe aos serventes: "Fazei o que ele vos disser".* **6** *Ora, achavam-se ali seis talhas de pedra para as purificações dos judeus, que continham cada qual duas ou três medidas.* **7** *Jesus ordena-lhes: "Enchei as talhas de água". Eles encheram-nas até em cima.* **8** *"Tirai agora" – disse-lhes Jesus – "e levai ao chefe dos serventes". E levaram.* **9** *Logo que o chefe dos serventes provou da água tornada vinho, não sabendo de onde era (se bem que o soubessem os serventes, pois tinham tirado a água), chamou o noivo* **10** *e disse-lhe: "É costume servir primeiro o vinho bom e, depois, quando os convidados já estão quase embriagados, servir o menos bom. Mas tu guardaste o vinho melhor até agora".* **11** *Esse foi o primeiro milagre de Jesus; realizou-o em Caná da Galiléia. Manifestou a sua glória, e os seus discípulos creram nele.* **(Jo 2,1-11)**

Faço questão de começar este livro com as palavras do apóstolo João porque elas são o melhor exemplo de Metanoia. Um exemplo que vem diretamente de nosso Mestre Maior, que deve ser seguido e que nos trará mais paz e compreensão em nosso dia a dia, seja no convívio com familiares e amigos, seja na relação com os colegas de trabalho, e até mesmo entre nossos parceiros de fé.

Minhas filhas e meus filhos, quando uma pessoa tem uma visão diferente e vocês reconhecem nela algum valor, por que não concordar? Por que insistir em velhos conceitos e preconceitos só para provar que vocês estão com a razão? Concordar com alguém não significa que vocês sejam um(a) "maria vai com as outras" sem opiniões próprias. Refletir e mudar de ideia, sempre que for o caso, faz parte do nosso crescimento espiritual. A teimosia sem reflexão não nos leva a lugar nenhum, só causa desarmonia e desentendimento.

Vejam, amadas e amados que me leem, a primeira atitude de Jesus foi dizer que não cabia aos convidados repor o vinho da festa. E mais: que Sua hora de fazer milagres não havia chegado ainda. Mas mudou de ideia quando Maria, Mãe Abençoada, intercedeu pelos noivos e convidados, orientando os servos para que fizessem o que o Filho lhes pedisse.

O gesto da Virgem não foi de menosprezo às palavras de Cristo, como alguns interpretam erroneamente. Nem quis Ela desautorizá-Lo e humilhá-Lo diante de todos. A comunicação entre Jesus e a mãe era do mais puro e profundo amor. Maria, como costuma acontecer com a maioria das mães, sabia o que se passava no coração do Filho e que Ele estava pronto para manifestar sua Glória fazendo o primeiro milagre. Ela demonstrava, então, apenas a fé que tinha em Jesus, não só como mãe, mas também como alguém que confiava no poder de Deus.

Pensem, meus filhos, no que teria acontecido se Cristo não deixasse a Metanoia agir em Seu espírito e continuasse aferrado ao que disse. Quanto tempo mais a humanidade teria de esperar pelos Seus milagres, que tantos corações aliviou e que, até hoje, são exemplos das maravilhas que Deus pode fazer por nós?

Essa bela passagem do Novo Testamento me faz pensar ainda em outra questão que considero muito importante: a intercessão de Nossa Senhora. O texto que acabamos de ler traz um exemplo muito claro da mediação da Mãe Sagrada. Como demonstram outros relatos bíblicos, Ela jamais quis "roubar" o protagonismo de Jesus. Seu papel sempre foi o de interceder junto a Ele para que o amor do Filho nos abençoasse. É assim que Ela age em nossas vidas, levando nossos pedidos até o Redentor, desde que feitos com humildade e fé.

Algumas religiões rejeitam a intercessão de Maria e, infelizmente, muitos irmãos acabam entendendo que amar a

Mãe Santíssima é desprezar e até ofender Jesus. Nada mais equivocado. A devoção a Maria vem de longe.

Quando lemos os primeiros escritos de nossa Igreja, encontramos muitos exemplos do amor filial dos antigos cristãos por Nossa Senhora. É essa mentalidade mariana presente nas origens de nossa fé que devemos buscar e adotar. Não rejeitem o amor de Maria ou estarão rejeitando também o de Jesus. Lembrem-se de que Ela foi escolhida por Deus para ser concebida pelo Espírito Santo. Foi por meio de Maria que Jesus pôde se fazer Deus na Terra e espalhar suas palavras como se fossem sementes divinas.

Uma vez li uma frase que, apesar de brincalhona, é muito verdadeira: "Jesus é o caminho, Maria é o GPS". Em outras palavras, Jesus é nossa meta para alcançar a Salvação, e Nossa Senhora é quem nos indica a melhor direção para chegarmos ao amor e à compreensão de Jesus, sem que a gente se desvie ou se perca durante a caminhada.

Quando nos entregamos a uma vida de fé, passamos por provações, pois elas fazem parte do nosso fortalecimento espiritual. Nessas horas difíceis, nem sempre nos lembramos do que Jesus disse: "Quem quiser me seguir, pegue a sua cruz e venha". Ele não nos prometeu um mar de rosas, uma vida sem sofrimentos, tribulações ou provações, mas garantiu que estaria conosco até o fim dos tempos, que seria fiel a quem resistisse na fé.

Posso garantir a vocês, filhas e filhos, que, sob a proteção de Maria, temos um atalho que nos conduzirá ao refúgio que é Jesus. Ela é a Mãe que toma conta de nós em todos os momentos de nossa vida. Peçam com fé para que Ela interceda junto a seu Santo Filho por uma Metanoia em sua mente e vocês serão atendidos.

Peçam, amados, para que, antes de impor suas ideias, antes de falar que estão com a razão, antes de dar sua opinião sobre um fato, vocês escutem o que o outro tem a dizer, seja ele seu pai ou sua mãe, sua filha ou seu filho, seu amigo ou seu colega de trabalho.

Renovem o pensamento, abram o coração para a Palavra de Deus e Maria reconhecerá em vocês, assim como reconheceu em seu próprio Filho, pessoas que podem se transformar e promover a união entre aqueles que estão ao seu redor. Ela levará sua vontade de renovação até Jesus. A vontade de que uma Metanoia transforme a sua vida.

Senhor Jesus, eu, como padre espiritual, em nome desta minha filha ou filho, que neste momento reza comigo, peço que caiam por terra todas as mentiras que denigrem a Virgem Maria.

Que esta minha filha ou filho encontre em Nossa Senhora o atalho que leva a Ti. Conceda a essa pessoa que reza comigo um amor filial por Maria, para que Tua Santa Mãe seja sempre a intercessora junto a Ti nos momentos de tristeza e aflição aos quais todos nós, seres imperfeitos, estamos sujeitos.

Que hoje seja o primeiro de eternos dias sob a proteção da Virgem Santíssima, que esmagará todo o mal que possa aparecer no caminho desta minha filha ou filho.

Com Maria, por Maria e em Maria iremos servir a Jesus Cristo todos os dias de nossas vidas, até nos encontrarmos no Céu, onde viveremos eternamente.

Nossa Senhora, eu (diga o seu nome), me consagro inteiramente a Ti. Eu Te aceito como minha mãe espiritual, que me auxilia em meu encontro com o Pai. Que me leva a uma intimidade que até então nunca tive com Jesus Cristo.

Peço, por sua mediação, que Cristo me conceda a Metanoia que irá transformar a minha vida. Que a cada novo dia, minha mente seja preenchida por bons pensamentos, e que antigas ideias e preconceitos sejam eliminados. Sob Teu abrigo, sei que estou protegida(o). Obrigada(o), minha Mãe, minha Rainha.

Eu, Padre Marcelo, em nome da Igreja, selo a consagração de (diga seu nome) eternamente no coração de Jesus.

Amém.

2

Metanoia em nossos relacionamentos

44 *Todos os fiéis viviam unidos e tinham tudo em comum.* **45** *Vendiam as suas propriedades e os seus bens, e dividiam-nos por todos, segundo a necessidade de cada um.* **46** *Unidos de coração, frequentavam todos os dias o templo. Partiam o pão nas casas e tomavam a comida com alegria e singeleza de coração,* **47** *louvando a Deus e cativando a simpatia de todo o povo. E o Senhor cada dia lhes ajuntava outros, que estavam a caminho da salvação.* **(At 2,44-47)**

Filhas e filhos, este trecho do Novo Testamento mostra com muita precisão como viviam os primeiros cristãos. Reparem como eles se respeitavam, como repartiam o que possuíam e como permaneciam unidos pelo amor. Olhavam o outro com o mesmo olhar de Jesus, porque sabiam que estamos aqui de passagem. Sabiam que, neste curto tempo, semear o bem era o que tinham a fazer. Sabiam que o Céu nos espera, regenerados pelo exercício do amor e com o coração puro. Era por isso que eles não se desviavam de Deus em nenhum momento da vida. Que diferença dos dias de hoje!

RELACIONAMENTOS DENTRO DA IGREJA

A imperfeição humana está em toda parte. Às vezes, pensamos que encontraremos na Igreja somente pessoas de espírito elevado, verdadeiros irmãos e irmãs com quem nos uniremos em Cristo. Ficamos surpresos quando, em vez disso, encontramos os mesmos defeitos da vida cotidiana: mentira, fofoca, ganância, maldade, fome de poder. Como manter nossas convicções cristãs diante disso?

Amadas e amados, Jesus não encontrou nada diferente em Seu tempo. Recordem as palavras Dele: "Ó geração incrédula e perversa, até quando estarei convosco e vos aturarei?" **(Lc 9,41)**. Vocês terão que aprender a lidar com essa situação. Em primeiro lugar, tenham a humildade de admitir que vocês também são pessoas em construção. Ninguém é perfeito, sejam os seus pecados menores ou maiores do que o de outro companheiro de fé. Atentem para as palavras de Jesus: "Por que olhas a palha que está no olho do teu irmão e não vês a trave que está no teu?" **(Mt 7,3)**.

Em segundo lugar, vivemos em um mundo de aparências, mas nada escapa aos olhos de Deus. Ele conhece nosso coração melhor do que ninguém, mesmo o coração daqueles que fingem ser amigos, que mentem e falam mal pelas costas. Deixem que Deus cuide das injúrias que fazem contra vocês. Trate apenas de permanecer na fé.

Em terceiro lugar, filhas e filhos, entreguem-se à Metanoia que o Espírito Santo quer fazer em sua mente e, para isso, é necessário mudar o pensamento sobre aqueles que não gostam de vocês. Ele quer que, a partir de hoje, vocês amem e tratem bem essas pessoas. Amar quem ama vocês é fácil, difícil é amar aqueles que lhes são hostis. Assim age o verdadeiro cristão: pedindo o coração de Jesus e o olhar de Maria para passar a ver essas pessoas com misericórdia. Elas precisam do seu amor para que o Amor Divino as toque e as transforme.

Se viver já é difícil, conviver é ainda mais, principalmente com aqueles que estão presos aos bens terrenos e se esquecem de que o caminho da fé no Altíssimo é que nos conduzirá à eternidade. Essa dificuldade já levou muitos fiéis a abandonar a Igreja Católica e a procurar outros credos. Certamente, essas pessoas encontraram nos novos templos os mesmos problemas – falsidade, inveja, mentira. A explicação é simples: nosso foco tem de estar, acima de tudo, em Deus, que é o Pai Perfeito e nos é fiel. As pessoas são falhas e, para melhor compreendê-las, precisamos vê-las com os olhos de Jesus e o amor de Maria. Essa é a Metanoia que o Espírito Santo quer realizar em suas mentes. Vocês verão como fica mais fácil conviver com nossos irmãos de fé quando oferecemos a eles nosso melhor e os perdoamos por seus defeitos.

RELACIONAMENTOS NO TRABALHO

Desde que abandonei meu trabalho em academias para me tornar padre, muitas filhas e filhos vêm me pedir orientação sobre problemas pelos quais estão passando em seus empregos. De lá para cá, as queixas só aumentaram.

Como os tempos mudaram! Meu pai era funcionário de um banco privado e vivia dizendo que os seus colegas de trabalho eram sua segunda família. E eram mesmo! Minha mãe, minhas irmãs e eu participávamos das festas promovidas pela instituição financeira e éramos sempre recebidos com muito carinho por todos. As famílias dos funcionários aproveitavam esses encontros para confraternizar, como faziam os antigos cristãos.

Hoje, o que se vê no ambiente de trabalho é competição, maledicência, disputa de egos, uma verdadeira arena romana em que vence o mais forte ou o mais "esperto", no pior sentido da palavra. Mesmo aqueles que ocupam cargos de chefia não se dão conta de que o poder é provisório, que o chefe que esbraveja e maltrata hoje pode ser demitido amanhã.

Como sobreviver em um ambiente desses sem sentir-se incapaz, sem ficar deprimido ou doente por causa do estresse? Fazendo do local de trabalho um espaço cristão, no qual vocês possam pôr em prática as palavras de Jesus.

Sejam sempre corretos, façam da honestidade a sua carta de apresentação, das mínimas coisas que estejam sob a sua responsabilidade às mais importantes, especialmente se lidam com dinheiro ou documentos da empresa.

Filhas e filhos, mantenham relações cordiais com seus colegas, ajudando aqueles que estão começando e dividindo o que sabem com os demais. Estamos na era do compartilhamento de informações. Ninguém sabe tudo, ninguém é o dono da verdade. Um deve sempre ajudar o outro e assim construir uma rede de colaboração, como faziam os primeiros cristãos.

Se algum colega quiser abrir o coração e procurar vocês para falar de questões pessoais, acolham-no e respeitem os sentimentos dele, aconselhando-o com as palavras de Jesus. Essa situação é bem diferente de bisbilhotar a vida alheia, de querer saber da intimidade dos outros por pura curiosidade ou até por inveja. Trabalho não é lugar de fofocas e "disse me disse". Rezem e peçam a Deus pelo colega que aparentar algum nervosismo ou abatimento.

Caso sejam humilhados ou mal interpretados por superiores, entreguem seus problemas unicamente a Deus. Jesus nos ensinou a não resistir ao mal e a oferecer a outra face quando formos ofendidos. Sei que é difícil, filhas e filhos, mas quem disse que é fácil ser cristão? Precisamos o tempo todo de muito aprendizado, muito esforço e autocontrole. Precisamos de Metanoia para abandonar os nossos velhos modos de pensar e agir para superar o mal que nos fazem. Ser cristão é ser guerreiro neste mundo.

Jamais queiram se sentir superiores a seus colegas. Ao transformar a nossa mentalidade, Deus quer nos renovar, não nos fazer superiores. Ele nos ensina a *dar* o nosso melhor e não a *ser* o melhor. Essa é a grande diferença. Dando sempre o melhor de si, mesmo nas pequenas ações, talvez vocês possam chegar a ser os primeiros, mas isso não mudará em nada a sua essência cristã, pois as glórias humanas são passageiras. Não somos melhores sequer em relação àqueles que não são cristãos, devemos apenas seguir os passos do nosso Mestre.

Recomendo a vocês que leiam a *Parábola do dinheiro emprestado*, que está no Evangelho de São Lucas (Lc 19,11-28). Nela, Jesus nos fala de um homem rico que, antes de partir para um país distante, distribui um tanto de dinheiro entre dez de seus servos. Em seu regresso, apenas um deles não havia feito o dinheiro render e foi castigado por isso. A intenção do Redentor, ao contar essa parábola, é mostrar que o Reino de Deus na Terra será sempre reconstruído por nós de acordo com o dom e a capacidade que cada um tem.

O mesmo precisa acontecer no ambiente de trabalho. Cada um deve contribuir com o que sabe. Mas se, por insegurança ou preguiça, vocês, filhas e filhos, não usarem o talento que têm, estarão agindo como o servo que nada produziu e certamente serão considerados maus funcionários por seus colegas e chefes.

Procurem sempre multiplicar seus talentos investindo no aperfeiçoamento profissional. Matriculem-se em cursos de especialização, reciclem conhecimentos, deixem que a Metanoia divina renove seus pontos de vista e sua capacidade de trabalho. Vocês colherão os frutos desse esforço com melhores avaliações dos chefes, melhores cargos e remunerações. Com esse aprendizado, vocês estarão também ajudando aos que estão ao seu redor, trocando experiências e informações, como devem fazer os bons cristãos.

Filhos e filhas, agradeçam a Deus pelos dons que têm e os coloquem sempre a serviço do próximo.

Senhor Jesus, em Teu nome e pelo Teu sangue, faça de nós criaturas novas, com pensamentos sempre voltados para o Alto. Hoje é o dia da decisão. Estamos no mundo, mas não somos deste mundo, por isso, entrego meu coração a Ti.

Queremos Te servir, Jesus. Vista-nos com a Tua armadura para que, na luta do dia a dia, sejamos por Ti protegidos. Defenda-nos especialmente onde somos mais atacados: na mente.

Blinda nossos pensamentos com Teu sangue poderoso, afasta qualquer tipo de contaminação que venha da mentalidade mundana que nos cerca, para que tenhamos sempre Tuas palavras preservadas em nosso coração.

Que nossa mente, Jesus, seja preenchida por completo pelo Espírito Santo e Suas inspirações, para que sigamos unicamente o caminho de Deus, o mesmo que nos levará ao Céu.

Toca, Senhor, em nossos relacionamentos familiares, para que possamos sempre nos manter unidos no respeito e no amor.

Toca, Senhor, em nossos relacionamentos profissionais, para que haja harmonia no ambiente de trabalho. Tira de nosso caminho aqueles que nos invejam e querem nos prejudicar.

Senhor, toca em nossos relacionamentos dentro da Igreja, para que sejamos iguais aos primeiros cristãos, que compartilhavam o amor, pois juntos somos mais fortes para vencer o mal.

Sou, a partir de agora, com a efusão do Espírito Santo que está sendo derramada em minha mente e em meu coração, uma pessoa nova para um mundo novo.

Que a cada dia eu possa afirmar que já não vivo, Cristo é que vive em mim.

Amém.

3
Metanoia em meio às provações

1 *Foi dirigida a Jeremias a palavra do Senhor nestes termos:* **2** *"Vai e desce à casa do oleiro, e ali te farei ouvir minha palavra".* **3** *Desci, então, à casa do oleiro, e o encontrei ocupado a trabalhar no torno.* **4** *Quando o vaso que estava a modelar não lhe saía bem, como sói acontecer nos trabalhos de cerâmica, punha-se a trabalhar em outro à sua maneira.* **5** *Foi esta, então, a linguagem do Senhor: "casa de Israel, não poderei fazer de vós o que faz esse oleiro? – oráculo do Senhor.* **6** *O que é a argila em suas mãos, assim sois vós nas minhas, casa de Israel.* **(Jr 18,1-6)**

Minhas filhas e meus filhos, renovar nossa mentalidade não é tão fácil quanto parece. É preciso aprender a aceitar novas ideias e a analisar o mundo a partir de outro ponto de vista. Mudar a maneira de pensar significa também mudar nosso modo de viver. Por mais que estejamos empenhados em nos transformar, tendemos a nos agarrar ao que achamos que está certo, àquilo que consideramos nossa zona de conforto. É parecido com se desfazer daquela roupa velha que já não nos serve, mas da qual ainda gostamos.

Se uma mudança de vida já é difícil quando estamos bem, como transformar nossa mentalidade em meio a provações, quando tudo parece não estar dando certo para nós? É justamente nessas horas de turbulência que mais precisamos de renovação para nos erguer e continuar em frente.

Quem é cristão sabe que será provado pelo Senhor várias vezes ao longo da vida. É por meio da provação que nos aperfeiçoamos interiormente, que nos tornamos pessoas melhores, que somos transformados em guerreiros de Deus. Ele faz conosco a mesma coisa que o oleiro faz com a argila.

Filhas e filhos, vocês já tiveram a curiosidade de saber como se faz um vaso? É um processo demorado. Exige muita preparação e paciência. Em primeiro lugar, o oleiro amassa o barro para que ele se torne uniforme e flexível. Só então começa a modelagem, dando ao vaso a forma desejada, alto ou baixo, fino ou bojudo, com alça ou sem. Depois de modelada, a peça descansa por uns dias antes de ir ao forno. Quando está no ponto certo para ser queimada, o oleiro precisa saber a temperatura certa do fogo para obter um bom resultado. Só depois de passar por todas essas etapas, sem trincar ou queimar demais, é que o vaso estará pronto.

Assim somos nós, meus amados, nas mãos de Deus. Ele nos escolhe, Ele nos chama, Ele começa a modelar nosso coração, retira os excessos, apara os caprichos, descarta as soberbas. Como dói a modelagem divina! Dói porque é feita de provações. Elas são necessárias para que o Senhor dê uma nova forma às nossas vidas. É assim que Ele nos purifica e nos transforma em Sua imagem e semelhança não só pelo lado de fora, o lado da aparência, mas também pelo lado de dentro, onde estão nossos mais profundos sentimentos.

Em meio a esse dolorido processo, a sensação que temos é a de que Deus nos abandonou. Na realidade, Ele está apenas colocando o vaso para descansar, está testando a nossa fé, para que resistamos à etapa final do cozimento no forno e saiamos de lá sem rachaduras, fortes e resistentes para enfrentar a vida terrena até ganharmos o Reino dos Céus.

Leiam, filhas e filhos, os poemas de São João da Cruz ou a biografia de Madre Teresa de Calcutá, e vejam o calvário de sofrimentos pelo qual passaram até alcançar a pureza da alma. Assim como eles, todos nós passaremos por várias provações até ganhar as bênçãos de Deus. Não é um processo único, mas contínuo. O Criador repetirá a fiada de sofrimentos sempre que achar necessário mudar algo em nossas vidas para livrar-nos do mal e dos pecados.

Esse é o caminho do Cristianismo, filhos amados. Ser cristão é pegar a nossa cruz e seguir Jesus. Não esperem um mar de rosas durante a longa caminhada de crescimento espiritual porque essa não é, e nunca será, a Igreja de Cristo. A doutrina de Jesus é um processo contínuo de aprendizado, é mudança de vida, é Metanoia. Seguir o Mestre significa cair e se levantar quantas vezes for necessário, para, enfim, ir adiante segurando a mão de Deus.

Jesus não quer que os cristãos fiquem na orla da praia, espiando o mar de longe. Ele quer nos levar para muito além da linha do horizonte, para mares abertos e profundos, para mares bravios onde reinam os ventos e as tempestades. Ele é o Capitão do barco, Nele podemos descansar certos de que chegaremos ao nosso destino, ao porto seguro do Senhor.

Infelizmente, vivemos em um mundo no qual alguns cristãos pensam que Deus nos prometeu uma vida mansa aqui na Terra, uma vida repleta de bens materiais e de mordomias. Claro que existem cristãos que ganharam dinheiro com trabalho honesto e puderam adquirir uma casa mais luxuosa ou o carro do ano. Mas não é nessas coisas que está assentado o projeto de Deus para nós. O que interessa a Ele são os bens que cultivamos em nossa alma: a gentileza, a bondade, a caridade, a fraternidade e o amor. A prosperidade material não está e nunca esteve nos Evangelhos de Jesus.

O maior benefício que podemos almejar é a Metanoia que vem Dele, que vem de Seus ensinamentos. É por meio da leitura da Bíblia que mudamos nossa mentalidade e nos tornamos pessoas novas, iluminadas pelo Espírito Santo, pessoas que vivem os Evangelhos de acordo com suas verdadeiras palavras. A prática cristã é uma caminhada longa, um processo que pode levar a vida inteira, e, para aliviar as provações que encontramos na estrada, só mesmo a misericórdia divina.

O maior exemplo de resistência aos desígnios do Senhor é a história de Jó, o homem mais rico do Oriente, que, segundo o Antigo Testamento, era "íntegro e reto, [...] temia a Deus e mantinha-se afastado do mal" **(Jó 1,1)**. Satanás, entretanto, escarneceu do Criador, dizendo que, caso Jó fosse impiedosamente provado, ele acabaria por abandonar sua fé.

Confiante na devoção de seu servo, Deus permitiu que Satanás castigasse Jó de todas as maneiras possíveis, com as mais terríveis provações. O homem perdeu seus dez filhos e tudo o que possuía: sete mil ovelhas, três mil camelos, quinhentas juntas de bois e quinhentos jumentos. Também perdeu a saúde e todo o seu corpo ficou coberto de úlceras malignas. Satanás tentou de tudo, mas Jó permaneceu fiel em seu amor por Deus. O Todo-Poderoso recompensou-o, então, restituindo-lhe em dobro tudo o que havia perdido.

Quantas vezes, filhas e filhos, perdemos oportunidades, empregos, amores, amizades, dinheiro e até a saúde porque pessoas do mal se interpõem em nossas vidas? Pode ser que vocês estejam passando por isso neste exato momento e, então, eu, Padre Marcelo, lhes aconselho: não se afastem de Deus, permaneçam fiéis a Ele e suportem as dificuldades na certeza de que tudo passará. O Senhor se encarregará de mostrar-lhes a luz no fim do túnel.

Sejam quais forem as provações pelas quais passarem na vida, entendam que Deus nunca os abandonará. Resistam no amor e na fé. Haverá o momento certo em que Deus os abençoará, mas é preciso que façam também a sua parte e não esperem de braços cruzados pelas bênçãos do Senhor. Leiam a Bíblia, rezem, participem da missa, comunguem, usem todas as armas espirituais que vencem o mal.

Peçamos à Nossa Senhora que os proteja de todas as dores. Ela é a Mãe de Deus e é a nossa mãe. Ela aliviará o peso de seus ombros, confortará seu coração e suavizará seu caminho.

Amado Jesus, hoje compreendo que Tu nunca me deixas sozinho. Em minhas provações, o Senhor é comigo.

Perdão pelas blasfêmias que disse enquanto sofria, quando passei por dificuldades ou quando perdi entes queridos. Perdão por ter pronunciado palavras indignas de Ti e que quase me afastaram de Teu caminho.

Perdão pela minha falta de fé. Dá-me a Metanoia necessária para compreender que, mesmo diante das piores provações, devo me submeter à Tua vontade. Quero essa mentalidade nova, que me dará a certeza de que o Senhor me ama em todas as horas, mesmo nos momentos de grande sofrimento.

Sei que Tu não dás um peso maior do que aquele que podemos carregar. Se estou passando por isso, há uma razão, há um desígnio de Deus. Eu vou e quero esperar em Ti. Aceito Teu agir soberano porque sei que será para o meu próprio bem.

Jesus, eu confio em Teu amparo, em Teu amor. Suportarei as humilhações, as traições, as maldades, o ciúme e a inveja, todos os dissabores da vida, porque sei que estás comigo e não me deixarás sucumbir.

Sei que, passada a tormenta, verei que já não sou a mesma pessoa, que a Metanoia me tornou mais forte na Fé. Sei que não terei meus olhos fixos no aqui e no agora, mas que estarei olhando o mundo com os Teus olhos, purificados para ver as coisas do Alto, onde me espera a Eternidade.

Obrigado, meu Deus, pela oportunidade de estar, em minhas aflições, ainda mais junto de Ti.

Eu confio em Tua sabedoria e compaixão.

Totus Tuus Mariae.

Todo Teu, Maria.

Amém.

4
Metanoia em nossos pensamentos

22 *Não entregues tua alma à tristeza, não atormentes a ti mesmo em teus pensamentos.* **23** *A alegria do coração é a vida do homem, e um inesgotável tesouro de santidade. A alegria do homem torna mais longa a sua vida.* **24** *Tem compaixão de tua alma, torna-te agradável a Deus, e sê firme; concentra teu coração na santidade, e afasta a tristeza para longe de ti,* **25** *pois a tristeza matou a muitos, e não há nela utilidade alguma.* **26** *A inveja e a ira abreviam os dias, e a inquietação acarreta a velhice antes do tempo.* **27** *Um coração bondoso e nobre banqueteia-se continuamente, pois seus banquetes são preparados com solicitude.* **(Eclo 30,22-27)**

Filhas e filhos, essa passagem do Livro do Eclesiástico, que faz parte do Antigo Testamento, tem muito a nos ensinar. Nossos corações foram feitos para ser a morada da alegria. Deus nos deu o dom de sorrir e de ser felizes, mas passamos a maior parte da vida carrancudos, pessimistas, reclamando de tudo. Para recuperar a alegria perdida e nos tornar pessoas de boa vontade, precisamos de Metanoia em nossos pensamentos. Temos de mudar nossa velha maneira de pensar para afastar tudo o que é negativo e que leva à descrença. Quando conseguimos fazer isso, enxergamos o mundo de outra maneira. O simples fato de estar vivo já é motivo para celebrar. Nunca é tarde para descobrir que a vida é uma grande bênção de Deus.

Todos somos imperfeitos e estamos sujeitos a passar por momentos ruins, momentos de grande sofrimento que Deus põe em nosso caminho para nos testar e nos aperfeiçoar como seres humanos. Essas situações de tristeza, que acabam passando, como tudo na vida, são muito diferentes do hábito de pensar sempre de forma derrotista, daquela tendência a ceder ao desânimo antes mesmo de pôr uma ideia em prática.

A descrença leva à tristeza e ao desamparo. É um sentimento mau, meus amados, que contamina não apenas os pensamentos, mas atinge todos que estão ao seu redor. Antes de se deixarem levar pelo medo e pelo pessimismo, lembrem-se de que não estão sozinhos, que Jesus nos ampara e está sempre ao nosso lado. Isso já é motivo suficiente para mantermos a mente aberta diante de tudo o que nos eleva e alegra o coração. Basta lembrar das palavras de Josué, no Antigo Testamento: "Isto é uma ordem: sê firme e corajoso. Não te atemorizes, não tenhas medo, porque o Senhor está contigo em qualquer parte para onde fores" **(Js 1,9)**.

Como padre, tenho ouvido milhares de pessoas ao longo desses anos e sei o quanto é extenso o rosário de padecimentos. Muitos irmãos que não podem me procurar no Santuário Mãe de Deus, por causa da distância ou de limitações físicas, usam o e-mail do meu site para confessar suas dores. Cumpro o meu papel, pedindo a Deus a absolvição de seus pecados. Eu já deveria estar acostumado a tantos penares, a tantas aflições, mas muitas vezes me surpreendo com problemas que nem sequer podia imaginar que existissem. Percebo, entretanto, que a fonte dessas aflições começa com um simples pensamento mau, que cresce e toma por completo a vida das pessoas.

Em alguns casos, a tristeza evolui para uma depressão profunda, que precisa ser tratada com auxílio médico, como aconteceu comigo e relatei no livro *Philia*. O início de tudo foi a morte repentina de dois cães, dos quais eu gostava muito. Em seguida, sofri um acidente que me deixou na cadeira de rodas por vários meses. Quando vi, a depressão já havia se instalado em mim e, durante todo o processo, fui assolado por pensamentos autodestrutivos, me isolei de todos, perdi peso e a alegria.

Hoje sei que foi necessário passar por tudo isso para que eu pudesse ajudar milhares de pessoas a lutar contra essa terrível doença, mas vocês, filhas e filhos, podem evitar que uma tragédia como essa se abata sobre suas cabeças, e basta que comecem a mudar a maneira de pensar, cortando pela raiz os pensamentos negativos.

Certa vez, li uma frase em um dos livros do escritor e sacerdote húngaro Tihamer Toth que, de tão verdadeira, nunca mais me esqueci: "Semeia um pensamento e colherás um desejo, semeia um desejo e colherás a ação, semeia a ação e colherás um hábito, semeia o hábito e colherás o caráter". Meditem sobre isso e avaliem o que têm feito com os seus pensamentos. Eles estão contra ou a favor de vocês?

Para ajudá-los a refletir melhor ainda, recomendo que abram o Novo Testamento. A força dos bons pensamentos e dos sentimentos positivos está muito bem descrita no Evangelho de São Lucas: "O homem bom tira coisas boas do bom tesouro do seu coração, e o homem mau tira coisas más do seu mau tesouro, porque a boca fala daquilo de que o coração está cheio" **(Lc 6,45)**. Isso significa que, dependendo do que trouxerem no coração e na mente, vocês serão felizes ou infelizes. A escolha é de vocês.

Por isso, parem de se maltratar, minhas filhas e meus filhos, e deem ao seu espírito um merecido descanso. Não deixem que o Inimigo faça um crochê de maus pensamentos para atormentar a sua mente. Ele quer ver vocês perderem o bom humor, a gentileza e a disponibilidade para ajudar ao próximo. Ele quer vencer a todos pelo estresse. Mas vocês serão os vencedores se pensarem de forma mais positiva e deixarem que um sorriso tome conta de seu rosto.

A alegria não é algo que devemos guardar apenas para nós, mas é um bem que deve ser compartilhado. Olhem para o céu e peçam Metanoia para todos os que o cercam, para todos os que se deixam levar por pensamentos negativos ou por maus conselhos de falsos amigos.

Orem por aqueles que querem cometer suicídio porque perderam a razão de viver.

Orem por aqueles que se sentem tristes e solitários em razão da dissolução de seus casamentos.

Orem por aqueles que mergulharam nas drogas e no álcool e hoje se sentem incapazes de recomeçar suas vidas.

Orem por aqueles que se entregaram ao desânimo porque perderam seus empregos.

Todas as vezes que ligarem a televisão e os telejornais começarem a despejar notícias sobre um mundo violento e doente, não percam a esperança. Fiquem com as palavras da carta de São Paulo aos romanos: "Não vos conformeis com este mundo, mas transformai-vos pela renovação do vosso espírito, para que possais discernir qual é a vontade de Deus, o que é bom, o que lhe agrada e o que é perfeito" **(Rm 12,2)**.

Hoje, minha filha e meu filho, Deus quer Metanoia para a sua mente. Permitam que Ele transforme a maneira como vocês estão acostumados a pensar e a analisar a vida, sempre mais inclinados para o não do que para o sim. O Senhor vai retirar todo o pessimismo e a negatividade de seu olhar e de seu coração. Vocês descobrirão a alegria de recomeçar em Cristo. Não importa se ontem nada deu certo, hoje é um novo dia. É dia de recomeço. Creia e confie. Levante a cabeça e tente mais uma vez.

Quem leu o meu livro *Kairós* sabe que o tempo de Deus não é o tempo que conhecemos, o tempo com que lidamos aqui na Terra, aquele que os ponteiros marcam no relógio. O tempo de Deus é outro. O Senhor tem um Kairós reservado para cada um de seus filhos, o tempo certo para que mudanças aconteçam dentro e fora de nós.

A parte que nos cabe é perseverar e confiar no Todo-Poderoso. A oração é o melhor modo de demonstrar a nossa fé.

Como sacerdote da Igreja Católica e pelo ministério a mim concedido no dia da minha ordenação, eu peço a Deus para que a minha mão transmita os poderes de Cristo a essa filha ou filho que ora comigo.

Senhor Jesus, neste instante, eu quebro todo e qualquer pensamento negativo alojado na mente dessa minha filha ou desse meu filho. Que toda raiz do mal, da tristeza e do pecado seja arrancada.

Eu renego todas as palavras pessimistas e de desânimo que sobre essa minha filha ou meu filho foram lançadas por pessoas que nunca desejaram seu progresso e sua felicidade.

Senhor Jesus, que todas as palavras ditas a essa filha ou filho para lhe fazer o mal, que todas as pragas lançadas para a/o destruir, que tudo o que está fora da Graça de Deus e que trava a vida dessa filha ou filho caiam agora em Teu nome.

Quebra, Jesus, toda a contaminação que veio de lugares e doutrinas que não agradam a Deus e onde Tu não te fazes presente.

Em nome de Jesus, quebro toda a raiz da maledicência, da inveja, do ciúme e de tudo o que está nos pensamentos dessa minha filha ou meu filho e que tanto entristece o coração de Deus.

Selo a mente de quem ora comigo no Sangue de Jesus, que tem o poder de trazer Metanoia.

Peço a quem ora comigo que seus pensamentos se renovem pelo poder do Espírito Santo. Que, a partir de hoje, uma nova mentalidade voltada para o Altíssimo se instale e que essa filha ou filho não se esqueça de que estamos neste mundo, mas não pertencemos a ele.

Selecione bem, amada ou amado, o que você coloca em sua mente. Ela é um jardim, por isso, semeie boas coisas para colher o melhor.

Em nome do Pai, do Filho e do Espírito Santo.

Amém.

5
Metanoia através da leitura

1 *No princípio era o Verbo, e o Verbo estava junto de Deus e o Verbo era Deus.* **2** *Ele estava no princípio junto de Deus.*

(Jo 1,1-2)

Meus amados, vamos analisar juntos esse misterioso versículo do Evangelho segundo São João. A compreensão do significado da palavra "Verbo" nem sempre é imediata para quem a ouve durante a missa ou para quem a lê na Bíblia. Mas basta nos lembrarmos da criação do mundo, conforme está descrita no Antigo Testamento, para que tudo fique fácil de ser entendido.

No Gênesis, Deus utiliza as palavras para criar todas as coisas. No primeiro dia, Ele diz: "Faça-se a luz!" **(Gn 1,3)**. E a luz se faz. No segundo dia, Deus ordena: "Faça-se um firmamento entre as águas, e separe ele umas das outras" **(Gn 1,6)**. E o céu se faz, separando as chuvas e as tempestades dos mares, lagos e rios. Assim prossegue o Criador até o sétimo dia, quando então completa a Sua grandiosa obra.

O Verbo nada mais é do que as palavras divinas usadas na Criação. Observem, filhas e filhos, que nesse versículo escolhido por mim, São João diz que o Verbo já estava com Deus desde o princípio, ou seja, Deus pronunciou as palavras antes mesmo de criar tudo o que existe, o céu, o mar, a terra e os seres vivos. As palavras precederam o Universo.

João ainda afirma que "o Verbo era Deus", o que demonstra a origem sagrada das palavras. É por isso que tenho um grande respeito por elas e gostaria muito que todos os que me leem tivessem também. Sou totalmente adepto de pensar duas vezes não só antes de agir, mas também antes de falar. Isso evita vários problemas e desentendimentos.

Há quem diga que as palavras não importam e que mais vale um gesto do que mil palavras. Isso não é verdade, meus amados. Elas são extremamente importantes. Tanto podem ser amorosas, solidárias e construtivas, como podem ferir, destruir e magoar. Tudo depende de como são usadas.

Quantos casamentos são desfeitos por causa de palavras intempestivas. Quantas brigas, quanto ciúme, quantos desencontros poderiam ser evitados com o emprego das palavras certas. No ambiente de trabalho, palavras ditas sem pensar quase sempre são fonte de desavenças, de picuinhas, de competições e até de demissões.

Precisamos usar as palavras com sabedoria, uma vez que são sagradas. E não há forma mais sábia de se conviver com elas do que lendo livros. Se vocês desejam uma Metanoia que mude suas vidas, incluam a leitura nas atividades do dia a dia. Leitura é lazer, é cultura, é aprendizado, é enlevo, é elevação do espírito.

Nos livros, vocês encontrarão as palavras em suas mais variadas formas e sentidos. Palavras inteligentes, que fazem pensar. Palavras abençoadas, que acalmam. Palavras terapêuticas, que curam. Palavras belas, que encantam. Garanto a vocês que a presença de bons livros pode modificar as suas vidas. Sei por experiência própria. Sem os livros, eu não teria trilhado o caminho que trilhei.

Mas não foi só comigo que a Metanoia dos livros operou milagres. Isso aconteceu com várias pessoas; por exemplo, o Papa João Paulo II. Durante a Segunda Guerra Mundial, ele perdeu muitos amigos judeus, aniquilados pelos nazistas, e presenciou de perto os horrores que abalavam o mundo. Mesmo sendo um católico fervoroso e buscando fortalecimento nas orações, a tragédia mexeu demais com ele. Certo dia, após a missa, conheceu um alfaiate que o convidou para participar de um grupo que rezava o rosário em sua casa. Ficaram amigos e o homem presenteou-o com um livro de São João da Cruz. A leitura mudou completamente o destino de João Paulo. O santo foi o tema do seu doutorado e uma inspiração que o levou ao papado. Recomendo, meus amados, que comecem suas leituras pela biografia desse grande Papa.

Outra pessoa que teve a vida transformada pela presença de bons livros foi Edith Stein, uma filósofa e teóloga polonesa. De família judaica, dedicou-se à carreira acadêmica. Um dia, porém, caiu em suas mãos o *Livro da vida*, de Santa Teresa D'Ávila. Edith mergulhou tão profundamente na leitura que, ao terminar, decidiu mudar por completo a própria vida: converteu-se ao catolicismo e tornou-se freira Carmelita Descalça. Depois de muitos anos dedicados à Palavra de Deus, foi morta pelos nazistas, provavelmente no campo de concentração de Auschwitz. Em 1998, o Papa João Paulo II canonizou-a como Santa Teresa Benedita da Cruz. Assim como Santa Teresa D'Ávila, ela deixou escritos belíssimos.

Poderia me estender por páginas e páginas citando santos, cristãos e leigos que tiveram suas vidas totalmente transformadas pela leitura. Mas prefiro falar dos meus milhares de leitores que foram tocados pelos livros que escrevi. Sei que fui apenas um instrumento nas mãos de Deus para levar Metanoia ao coração dos que leram *Ágape*, *Kairós*, *Philia* e *Ruah*. Em diversos testemunhos, pessoas que não tinham nenhuma familiaridade com a leitura relataram o encontro com Deus por meio de meus livros. Dou Glórias ao Todo-Poderoso por isso. E volto a repetir: livros foram, são e sempre serão ferramentas de Deus para mudar vidas e mentalidades.

A leitura está diretamente relacionada à nossa intimidade com o Senhor porque é uma das formas de nos comunicar com Ele. Santa Teresa D'Ávila sempre falava da importância de se ter um bom livro durante suas preces. Os primeiros cristãos foram estudiosos dos Evangelhos e de outros livros que tratam da fé. Devemos nos mirar no exemplo deles e seguir nosso caminho em direção a Jesus. Só assim nos tornamos mais fortes e evoluídos. Podem notar, filhas e filhos, que, durante guerras ou invasões de território, a primeira providência do inimigo é atacar as bibliotecas. Quando as fontes de sabedoria são destruídas, a identidade de uma nação é arruinada.

Em quase todos os mosteiros, ao menos uma hora diária é reservada para que os monges leiam, atividade considerada tão importante quanto o tempo destinado às orações ou à execução dos trabalhos domésticos. Isso porque a leitura é essencial para conhecer a Deus, para conhecer nossos irmãos e para conhecer a si próprio. A leitura é o meio mais eficaz para o Senhor operar em nós.

Sempre gostei de ler. Quando criança, eu e minha irmã caçula, Marta, frequentávamos um grupo de oração na creche da Irmã Josefina. Havia lá um homem, apelidado de Chicão, que vendia livros sobre a Renovação Carismática Católica. Minha irmã, que também gostava de ler, e eu ajudávamos nas vendas. Quando a reunião terminava, pedíamos a nossa mãe que comprasse para nós alguns dos livros que tinham chamado a nossa atenção. Foi assim que fomos nos familiarizando com a Palavra de Deus.

Nunca mais parei de ler livros cristãos, biografias de santos ou de personagens importantes da Igreja. Essa foi a minha formação. Mesmo enquanto estive afastado da religião, tenho certeza de que a sementinha ficou ali, em meu espírito, até que eu retornasse à Fé. Pouco antes da Metanoia que me levou ao seminário, minha irmã e eu éramos assíduos frequentadores de uma livraria cristã que ficava perto do Metrô Santana, bairro no qual morávamos na cidade de São Paulo. Quando me lembro disso hoje, fico com a impressão de que essas leituras foram uma espécie de preparação para a grande reviravolta que estava prestes a acontecer em minha vida. A leitura continua sendo um dos meus maiores prazeres. Gosto de ler sobre a escola patrística, corrente filosófica dos primeiros séculos da era cristã, e sou um estudioso dos livros da Renovação Carismática. Estou sempre tentando me atualizar e me fortalecer por meio da Palavra de Deus, pois sei que as palavras têm poder. Por isso, amados, peço a Jesus que nos dê sabedoria para usá-las apropriadamente com a nossa família, nossos amigos e com todos que entrarem em nossas vidas.

Filhas e filhos, deixo aqui um desafio: leiam pelo menos um livro por mês. Ao final de um ano, aposto que vocês não serão mais os mesmos. A Metanoia terá, então, transformado as suas vidas.

Senhor Jesus, foi por meio das palavras que Deus criou tudo o que existe. Também é por meio das palavras que temos acesso ao coração do Pai, pois delas brota a oração.

Orando, eu peço que tenhamos sede das palavras divinas. Que em todos os dias de nossas vidas tenhamos fome de bons livros. Que saibamos aproveitar quaisquer momentos para mergulhar na leitura, seja durante o percurso para o trabalho, seja em nossas horas de lazer, seja antes de dormir.

Que não percamos mais tempo com conversas fúteis e discussões tolas. Que, em lugar disso, preenchamos nosso tempo com os livros. Que aprendamos a valorizar a leitura para que nossos horizontes se abram e nossa compreensão do mundo se amplie.

Que todos os maus pensamentos sejam substituídos pelas palavras benditas dos livros. Que, a partir de agora, a sabedoria seja a nossa maior companheira.

Obrigado, Senhor Jesus, por me ensinar a importância da leitura para melhor me conhecer, para amadurecer e me tornar uma pessoa melhor.

Obrigado, Jesus, pois hoje eu entendo que, para ser uma nova pessoa, devo fazer a minha parte e me dedicar à leitura.

Obrigado, Jesus, pois as palavras são as sementes da Metanoia que mudará a minha vida.

Que as palavras lançadas em nossos corações e mentes frutifiquem dentro de nós e que o Espírito Santo modele nossas almas de acordo com a Sua vontade.

Obrigado, meu Deus.

Amém.

6

Metanoia em nossa humanidade

28 *Já não há judeu nem grego, nem escravo nem livre, nem homem nem mulher; pois todos vós sois um em Cristo Jesus.* **29** *Ora, se sois de Cristo, então sois verdadeiramente a descendência de Abraão, herdeiros segundo a promessa.* **(Gl 3,28-29)**

34 *Então, Pedro tomou a palavra e disse: "Em verdade, reconheço que Deus não faz distinção de pessoas".* **(At 10,34)**

Amados, Deus não faz diferença entre Seus filhos. Não importam o sexo, a cor da pele, a classe social, a raça ou a etnia que tenham ou a que pertençam. Deus ama a todos por igual e enviou Jesus à Terra para semear o amor divino entre os homens. Deus quer que sejamos benevolentes uns com os outros, como Ele é conosco. Quer que amemos o próximo como a nós mesmos. E eu, Padre Marcelo, garanto que Ele espera de nós uma Metanoia que mude a nossa forma de pensar, sempre tão egoísta, sempre focada em nossos problemas, sempre voltada para o nosso próprio umbigo.

Deus quer mudar essa mentalidade que muitas vezes exclui o outro apenas porque ele não pertence a nossa rede de amigos ou porque não tem a mesma cultura, e até porque não compartilha de nossas ideologias ou posições políticas. Parece que procuramos sempre algum motivo para nos sentir superiores. Como é vão pensar assim! Basta lembrar de Jesus, que se despojou de sua divindade para se fazer pobre e simples, pois sabia que é na humildade que encontramos o caminho do Céu.

Vivemos em um mundo no qual descartamos tudo aquilo que não nos dá prazer imediato. Movidos por um modo mesquinho de pensar, colocamos rótulos nas pessoas, classificando-as de acordo com o dinheiro que possuem, o cargo que ocupam, a fama que têm e outras futilidades. Precisamos aprender a olhar nossos semelhantes sob a ótica divina, valorizá-los pelo seu caráter, pela sua honestidade, pela sua gentileza, pelo amor que trazem no coração. Isso é o que conta para Deus.

A mudança no modo de olhar o outro tem de começar pelo modo como nos vemos. Devemos reconhecer que somos pecadores, todos necessitamos da Graça de Deus. Sem as bênçãos do Senhor, filhas e filhos, não somos nada, não somos ninguém. Mesmo quem nasceu e cresceu na Igreja sofre tentações e está sujeito a cometer pecados. Só por meio da divina bondade de Deus e pela presença Dele em todos os momentos de nossas vidas é que podemos nos renovar e fazer algo pelo outro.

Faço disso minha rotina. Todas as manhãs, seja em minha oração matinal, seja durante a missa que celebro diariamente, peço perdão a Deus e rogo para que Ele me mantenha firme na Fé. Suplico para ter um coração manso e humilde como o Dele, pois sei que, sem Deus, não sou capaz de fazer nada de bom. Só pela Graça de Deus sou capaz de amar o outro incondicionalmente. Por isso, peço que Ele me faça um instrumento de Sua compaixão. Enquanto eu viver, filhas e filhos, quero que minhas missas e meu programa de rádio sirvam de canal para que Deus derrame curas e bênçãos sobre vocês. Quero que Ele me use para disseminar, aonde eu for, todo o amor que vem Dele. Este é o meu papel como servo do Senhor.

Eu sinto forte em meu coração o amor de Deus pela humanidade. Ele sabe o quanto somos carentes de carinho e de misericórdia. É por essa razão que a Igreja precisa ser vista mais como um hospital que cura do que como um tribunal que julga. Devemos acolher nossos irmãos feridos pela vida, pelo pecado, pela falta de conhecimento, e não julgá-los por seus atos. Se Jesus não julgou a mulher adúltera a quem queriam apedrejar, quem somos nós para julgar os outros? Lembrem-se do que disse o Senhor nessa ocasião: "Quem de vós estiver sem pecado, seja o primeiro a lhe atirar uma pedra" **(Jo 8,7)**.

Filhas e filhos, vocês devem permitir que essa Metanoia aconteça em seus corações. Aceitem a nova mentalidade que Deus quer para nós, que é a do acolhimento, a do perdão, a da solidariedade. Eu garanto a vocês que só aquele que tem misericórdia tem o Senhor consigo. Só os misericordiosos verão a Deus e estarão a Seu lado no Céu.

Para que estamos aqui? Você já se fez essa pergunta? Minha mãe costumava dizer que nascemos para servir, caso contrário, não servimos para viver. Entretanto, vivemos em um mundo no qual todos querem ter direitos, mas nenhum dever. Eis a Metanoia que o ser humano precisa aprender: servir mais do que ser servido, dar sempre mais do que recebe. Essa é a verdadeira prática cristã. Quando falo disso, estou me referindo a pequenos gestos, como dar um bom-dia ao colega de trabalho ou dizer um "por favor" ao funcionário que nos serve, e também a grandes gestos, como ajudar quem necessita de nós, seja um familiar idoso e doente, seja um morador de rua.

Filhas e filhos, gosto sempre de lembrá-los de que estamos neste mundo, mas não somos daqui. Todos nós estamos em construção. O tempo todo, Deus quer fazer algo novo em vocês. Tem dias em que tudo dá certo e vocês conseguem ser um instrumento de Deus, mas tem dias em que tudo parece dar errado e só lhes resta a misericórdia divina para iluminar suas vidas. Glória a Deus, meus amados! Aceitem, resistam, permaneçam na fé, pois vocês estão no caminho da verdade.

Deus trabalha em tempo integral para aprimorar a humanidade. Deixem que Jesus trabalhe em vocês para transformá-los em seres humanos melhores. Claro que também precisamos colaborar fazendo a nossa parte, rezando diariamente, comungando com Jesus. Repitam sempre ao acordar: "Eis-me aqui, Senhor, faz de mim o que Tu quiseres, ajuda-me a melhorar, usa-me segundo o Teu coração".

A humanidade está ferida pela violência, pelas injustiças sociais, pelos preconceitos, pelo extremismo religioso, pelas guerras. Vemos todos os dias, no noticiário da TV, as imagens de milhares de refugiados em busca de um novo lugar para viver com suas famílias. São vítimas de atentados terroristas, da miséria e da intolerância religiosa. Alguns jamais encontrarão esse lugar e passarão anos de suas vidas morando em campos de refugiados. Quantas crianças nasceram dentro deles e sequer têm uma nacionalidade definida! Filhas e filhos, talvez vocês pensem: o que podemos fazer por esses irmãos tão distantes? Existem instituições internacionais que aceitam doações e voluntariado, mas se vocês não puderem ajudá-los dessa forma, orem por eles e já estarão fazendo sua parte como cristãos.

O que importa é nos tornarmos, cada vez mais, agentes do bem. Jesus iniciou sua Igreja anunciando a Boa-nova, o advento do Reino de Deus na Terra. Não basta ler sobre esse fato nos Evangelhos. Devemos viver o Evangelho em todos os momentos de nossas vidas e, para isso, temos de permitir que a Metanoia nos transforme em novas pessoas. Só assim poderemos cuidar de nosso planeta ferido.

Precisamos que as novas gerações também vivam o Cristianismo e que, com seu entusiasmo, espalhem esse amor, contagiando outros jovens com a alegria de pertencer a Jesus. Exatamente como costuma acontecer durante as edições da Jornada Mundial da Juventude, realizadas em diversos lugares do mundo. Foi assim no Rio de Janeiro, em 2013, foi assim em Cracóvia, em 2016, e assim será na Cidade do Panamá, em 2019: milhares de jovens reunidos e felizes por encontrar o sentido de suas vidas em Cristo. Milhares de jovens que amam e servem o outro, espalhando pelo planeta a semente da Boa-nova.

Como já contei neste livro, eu participava de grupos de oração na infância. Mas, aos quinze anos, me perdi no mundo das academias, que passei a frequentar não em busca de saúde ou de qualidade de vida, mas apenas preocupado com a estética. A frivolidade me seduziu e, por vários anos, vivi longe de Deus. Contudo, a semente plantada em meu coração na infância não havia morrido. O Senhor me resgatou do fundo do poço, onde eu vivia só para mim e para o meu físico.

Deus me deu a chance de vivenciar a Metanoia. Transformou minha vida e continua transformando. O Senhor me encaminhou ao sacerdócio, mas, hoje, para mim, servir a Ele não é privilégio e, sim, necessidade. Com alegria no coração, me dedico ao meu rebanho, para que mais católicos retornem à Igreja, para que mais católicos tenham a profunda experiência do Espírito Santo e possam ser conduzidos por Jesus.

Deus está me mudando a cada dia e eu me deixo levar pela Sua vontade. Por isso, agora, quero falar com vocês ao mesmo tempo como padre e como pai amoroso: abram o coração e deixem o Todo-Poderoso mudar suas vidas. Permitam que Ele toque sua alma e mude seus pensamentos. Deixem que Ele derrame o Espírito Santo sobre vocês para que uma nova mentalidade se instale e os faça enxergar as pessoas não como rivais em uma competição, mas como irmãs e irmãos. Pensem na humanidade com compaixão, amando e respeitando aqueles que estão ao seu redor.

OREMOS

Senhor Jesus, com a intermediação e bênção do Padre Marcelo, e pela ação do Espírito Santo, eu peço Metanoia em minha vida.

Que, de hoje em diante, eu deixe de me preocupar apenas com os meus problemas e comece a enxergar melhor o outro, que talvez esteja passando por dificuldades ainda maiores do que as minhas.

Abro meu coração e minha mente para que Tu, Senhor, faças de mim uma nova pessoa.

Peço que Tu me dês os dons que estão na Bíblia, como a sabedoria, a mansidão, a bondade e a compaixão, para que eu possa amar meus irmãos com toda a intensidade e profundidade que me for possível.

Sei, Jesus, que me amas do mesmo modo como amas todos os Seus filhos e não deixarás que eu me perca nas trevas do egoísmo e da avareza. Quero esquecer meus problemas, servindo a Ti e a meus semelhantes.

Com a intermediação do Padre Marcelo, encerro esta oração, em nome da Trindade, rogando para que fique gravado em meu coração: sou uma nova pessoa sob o poder de Deus.

Em nome do Pai, do Filho e do Espírito Santo.

Amém.

7

Metanoia para nossa saúde e aceitação de limites

33 *Ora, a mulher, atemorizada e trêmula, sabendo o que nela se tinha passado, veio lançar-se a seus pés e contou-lhe toda a verdade.* **34** *Mas ele lhe disse: "Filha, a tua fé te salvou. Vai em paz e sê curada do teu mal".* **(Mc 5,33-34)**

1 *Caminhando, viu Jesus um cego de nascença.* **2** *Os seus discípulos indagaram dele: "Mestre, quem pecou, este homem ou seus pais, para que nascesse cego?".* **3** *Jesus respondeu: "Nem este pecou nem seus pais, mas é necessário que nele se manifestem as obras de Deus."* **(Jo 9,1-3)**

23 *Disse-lhe Jesus: "Teu irmão ressurgirá".* **24** *Respondeu-lhe Marta: "Sei que há de ressurgir na ressurreição no último dia".* **25** *Disse-lhe Jesus: "Eu sou a ressurreição e a vida. Aquele que crê em mim, ainda que esteja morto, viverá.* **26** *E todo aquele que vive e crê em mim, jamais morrerá. Crês nisso?".* **27** *Respondeu ela: "Sim, Senhor. Eu creio que tu és o Cristo, o Filho de Deus, aquele que devia vir ao mundo".* **(Jo 11,23-27)**

Em meus encontros com os fiéis, muitos me perguntam por que razão Deus pôs no mundo tanto sofrimento. Por que nos legou as doenças, algumas delas incuráveis, que, antes de roubar a vida do doente, fazem-no passar por um calvário de dores e aniquilamento físico? Os desígnios do Criador tornam-se ainda mais incompreensíveis, afirmam esses fiéis, quando os doentes são crianças inocentes, que nenhum pecado cometeram para merecer tanto castigo. Por que pessoas nascem com deficiências físicas que as obrigam a se superar para viver no mundo daqueles que se consideram "normais"?

Essas questões também passavam pela minha cabeça antes de eu abraçar o ofício religioso. Hoje sei que Deus é quem tem a resposta para tais dúvidas. Ele é quem sabe de todas as coisas. No dia em que estivermos a Seu lado, no Céu, entenderemos cada um desses porquês. Por ora, o que eu posso fazer, como padre, é buscar algumas explicações refletindo sobre o que a Palavra Sagrada nos ensina.

Em primeiro lugar, filhas e filhos, quero lembrá-los de que o sofrimento não veio de Deus. O Todo-Poderoso criou um mundo perfeito. O pecado, e com ele o sofrimento, entrou neste mundo sem defeitos por meio do Inimigo, que seduziu o ser humano com suas artimanhas. Daí em diante, todo o mal passou a ser de responsabilidade dos homens. Nós temos o livre-arbítrio, somos nós que escolhemos entre o Bem e o Mal. Portanto, o sofrimento não veio e não vem de Deus.

É verdade que as doenças não são escolhas nossas, porém, na maior parte das vezes, somos responsáveis pelo seu aparecimento, levando uma vida desregrada e não cuidando de nosso corpo como deveríamos. Quando nos alimentamos mal, ingerindo gordura ou açúcar em excesso ou dando preferência a alimentos industrializados no lugar dos naturais e integrais; quando levamos uma vida sedentária e não praticamos exercícios, sem falar em vícios como o consumo de álcool e de drogas, tudo isso, de acordo com a ciência, abre caminho para que doenças graves se instalem. Já tratei desses temas no livro *Ruah* e o recomendo para quem ainda não o leu.

Em relação ao sofrimento infantil, embora seja algo que nos repugne e escape de nossa compreensão, devo lembrá-los, filhos e filhas, de que as crianças estão entre os primeiros mártires da Igreja. Milhares de garotos de Belém foram assassinados a mando de Herodes, que supunha, dessa maneira, eliminar o Menino Jesus. Isso só não aconteceu porque Maria e José fugiram a tempo para o Egito levando com eles o Filho Abençoado. Se as crianças de hoje sofrem com as enfermidades, a fome e o abandono, não é por vontade divina, mas porque também fazem parte desta humanidade imperfeita a que todos nós pertencemos. Por isso, devemos zelar por elas ao máximo, colocando-as sempre em primeiro lugar, protegendo-as, educando-as e cercando-as de todo o amor que formos capazes de oferecer.

Depois de passar meses em uma cadeira de rodas, de sofrer um doloroso processo de depressão seguido de uma perigosa anorexia, eu sei o quanto a mente é importante para manter ou recuperar a nossa saúde. Durante todo o meu calvário pessoal, não perdi a fé nem por um instante, não duvidei, não blasfemei. Foi pensando nisso que escolhi as três passagens do Novo Testamento que abrem este capítulo. Elas mostram, de pontos de vista diferentes, como a fé em Cristo leva ao alívio de nossas dores e também à cura de muitos males.

A primeira citação está no Evangelho de São Marcos. Refere-se à mulher que havia doze anos sofria de um forte fluxo de sangue, o que, na época, era considerado sinal de impureza. Ela se infiltrou entre a multidão que seguia Jesus e tocou-lhe o manto. Achava que, com esse simples gesto, seria curada, o que, de fato, aconteceu. Diz o Evangelho: "Jesus percebeu imediatamente que saíra dele uma força e, voltando-se para o povo, perguntou: 'Quem tocou minhas vestes?'" **(Mc 5,30)**. A mulher, embora amedrontada, ajoelhou-se diante Dele. Jesus a abençoou e ressaltou que foi a fé que ela trazia no coração que a havia curado.

Ao longo dos meus anos de sacerdócio, já pude presenciar muitas curas físicas que aconteceram dentro do Santuário Mãe de Deus. Também perdi a conta dos testemunhos que recebi por e-mail, relatando o mesmo milagre, o que só reforça a importância da fé. Quando digo isso, não estou de forma alguma sugerindo a vocês, filhas e filhos, que dispensem as idas aos médicos e os tratamentos por eles prescritos. Estou certo de que os profissionais da saúde, sejam os daqui ou de qualquer lugar do mundo, foram designados por Deus para cuidar do corpo das pessoas, do mesmo modo que nós, padres, cuidamos da alma. A união da fé e da ciência é a que obtém os melhores resultados. O mais importante é deixar que uma Metanoia aconteça em nós para que possamos trocar nosso pensamento pessimista pelo otimismo da fé, pela certeza de que, com as bênçãos de Nosso Senhor Jesus Cristo, venceremos a enfermidade que nos consome.

A segunda passagem citada no início deste capítulo foi retirada do Evangelho de São João. Ela descreve o momento em que Jesus vê um pedinte cego de nascença. Ele explica a seus discípulos que a cegueira daquele homem não tem nada a ver com pecados eventualmente cometidos por ele ou por seus parentes. Aproveita então aquela situação para demonstrar a Glória de Deus, devolvendo a luz aos olhos do cego. Mas a cegueira espiritual dos fariseus, que renegavam Cristo como Filho de Deus e recusavam a Metanoia em suas mentes, preferindo ficar na incredulidade, esta sim era o pior tipo de escuridão e perduraria para sempre.

Apesar do exemplo de Jesus, muita gente ainda acredita, em pleno século XXI, que uma criança nascida com alguma deficiência é um castigo para os pais ou para ela própria. Que bobagem! O que acontece é exatamente o contrário. Esses pais, que de repente se veem com um filho deficiente para cuidar e educar, passam geralmente por uma Metanoia em suas vidas e se transformam em fonte de dedicação e do mais puro amor. É uma chance que Deus concede para que se tornem pessoas melhores. E muitos desses filhos vêm a ser mais tarde exemplos de superação e de conquistas. Basta assistir a uma Paraolimpíada para que a gente mude nossos conceitos sobre "normal" e "anormal", "perfeição" e "deficiência", "vencedores" e "perdedores", "capacidade" e "incapacidade".

Fui particularmente tocado pela leitura dos livros do evangelista e palestrante australiano Nick Vujicic, que não tem braços nem pernas porque nasceu com a síndrome de Tetra-amelia, uma rara doença de origem genética. Ele é um dos melhores exemplos de que nada é impossível para quem tem fé. Sua história nos inspira e nos faz repensar nossas próprias vidas. Quanto tempo perdemos nos lamentando por "deficiências" em vez de aceitar uma Metanoia que nos faça superar as dificuldades e retomar nosso caminho, como fez Vujicic, que hoje viaja pelo mundo relatando todos os obstáculos que venceu?

A terceira passagem da Bíblia que destaquei no início deste capítulo refere-se à ressurreição de Lázaro. Ele vivia em Betânia, uma aldeia da Judeia, e estava entre os melhores amigos de Cristo. Certo dia, Lázaro adoece gravemente e suas irmãs, Maria e Marta, pedem para que chamem Jesus. Entretanto, quando o Filho de Deus chega a Betânia, encontra o amigo morto. Marta conforma-se com a morte do irmão porque acredita na ressurreição do último dia. Maria limita-se a lastimar e, aos prantos, afirma a Cristo: "Senhor, se tivesses estado aqui, meu irmão não teria morrido!" (Jo 11,21). Jesus, sabendo que Seu fim se aproxima, quer mostrar a todos que é o enviado de Deus na Terra e então ressuscita Lázaro.

Quando perdemos um ente querido, a maioria de nós costuma agir como Maria. Ficamos abatidos, revoltados, perdemos a fé. Não nos lembramos da promessa divina de que os mortos ressuscitarão no Juízo Final para a vida eterna. Esquecemo-nos também de que todos nós, humanos, morreremos um dia. Não somos imortais. Todos teremos a nossa hora. Deus é quem escolhe quando ela chegará. Se Ele levou nosso ente querido antes do que gostaríamos, não perca tempo tentando saber quais motivos tinha Deus para isso. Só Ele sabe. Deixe a Metanoia agir em seu coração e em sua mente. Em vez de revoltar-se, abrace a aceitação. Acredite nas palavras de Jesus. Conforte-se com Suas promessas. Leia o Evangelho de São João e descubra que o Senhor se compadece conosco. Chora por nós do mesmo modo que chorou quando soube da morte de Lázaro. Até diante de uma perda que é sofrida para nós, Ele está conosco, Ele nos carrega no colo e quer nos dar o consolo do Seu Amor Infinito.

Você, filha ou filho, que, neste momento, está doente, que está em uma cama de hospital, que sente dores ou fraqueza, não se entregue à enfermidade. Não desista de crer e de lutar. Quem sabe Deus não esteja querendo usar esse tempo de sofrimento para que uma nova mentalidade se instale em sua vida? Por mais estranho que pareça, Deus tem caminhos insondáveis para nos abençoar. Paulo, em sua carta aos Filipenses, agradece à Providência Divina apesar de suas dificuldades: "Tudo posso naquele que me conforta. Contudo, fizestes bem em tomar parte na minha tribulação" **(Fl 4,13-14)**. Filhas e filhos, façam como Paulo. Mantenham-se firmes na fé apesar da doença. Mantenham o coração grato e alegre apesar do sofrimento. Porque a alegria e a gratidão são amigas da esperança e quem tem esperança sabe que cada dia é um novo degrau que subimos para chegar a Deus.

Lembrem-se de que o avião decola com ventos contrários. Que isso sirva de inspiração quando tudo parecer contra vocês. Tenham fé e Deus os fará decolar para uma vida nova.

Para os doentes:
Senhor Jesus Cristo, abençoa-me com Tua luz e ameniza minhas dores, fortalece meu corpo e minha alma. Põe bons médicos em meu caminho, eles que também estão a serviço de Deus. Faz com que esta doença seja uma oportunidade de Metanoia para que eu repense minha vida e exercite minha fé. Que eu nunca perca a esperança e que encontre forças para vencer o mal que me prende ao leito.
Em teu nome, Senhor.
Amém.

Para os deficientes:
Senhor Jesus Cristo, sou portador de deficiência física, mas minha alma traz a mesma chama que Deus deu a todos os homens. Dá-me a graça de me aceitar como sou e nunca me revoltar ou abandonar minha fé em Ti. Dá-me forças para que eu possa superar meus limites e me tornar um sinal visível de Teu amor por mim. Que eu sirva de inspiração para que outras pessoas superem suas dificuldades e venham a Ti. Eu creio e me entrego à Tua vontade, Senhor.
Amém.

Para os que perderam algum ente querido:

Senhor Jesus Cristo, está difícil superar esta perda, mas, com Tua ajuda, sei que encontrarei a Metanoia que me fará sorrir para a vida outra vez. Apesar do vazio em que me encontro, não quero me revoltar contra Ti nem questionar o merecimento desta dor. Eu aceito tudo, crendo que o Senhor está comigo e que me ajudará a vencer esta saudade. Retira a tristeza do meu coração e coloca no lugar dela a Tua compaixão.

Amém.

8

Metanoia pelo poder da oração e da meditação

8 *Porque todo aquele que pede, recebe. Quem busca, acha. A quem bate, se abrirá.* **9** *Quem dentre vós dará uma pedra a seu filho, se este lhe pedir pão?* **10** *E, se lhe pedir um peixe, lhe dará uma serpente?* **11** *Se vós, pois, que sois maus, sabeis dar boas coisas a vossos filhos, quanto mais vosso Pai celeste dará boas coisas aos que lhe pedirem.* **(Mt 7,8-11)**

35 *De manhã, tendo-se levantado muito antes do amanhecer, ele saiu e foi para um lugar deserto, e ali se pôs em oração.* **(Mc 1,35)**

17 *Tudo quanto fizerdes, por palavra ou por obra, fazei-o em nome do Senhor Jesus, dando por ele graças a Deus Pai.* **(Cl 3,17)**

Muito cedo aprendi o poder que a oração tem em nossa vida e as mudanças que ela pode causar em nosso modo de ser. Descobri isso observando minha mãe, em sua lida diária. Casada e mãe de três filhos, ela vivia às voltas com as tribulações da maioria das donas de casa: cuidava da limpeza, cozinhava, lavava e passava nossas roupas e ainda nos ajudava nas lições que trazíamos da escola. Mesmo com tanto trabalho, minha mãe nunca deixava de lado suas orações que, em seu entendimento, faziam parte do dia a dia. Havia aprendido a viver em oração com a Renovação Carismática, que ela já seguia e frequentava.

Vale a pena descrever aqui a rotina dela. Mamãe acordava muito cedo para preparar nosso café e nos levar à escola. Em seguida, ia à missa das sete horas para agradecer a Deus por mais um dia. Só então voltava para casa e dava início aos afazeres domésticos, sempre entremeados de orações.

Quando entrava em meu quarto e no de meus irmãos, rezava para cada um de nós. Pedia proteção a nossos anjos da guarda contra todos os males que pudessem nos atingir. Quando passava a roupa, rezava pedindo para que Deus abençoasse o dono daquela roupa. Quando preparava a comida, rezava para que Deus também alimentasse a nossa vida espiritual. E, até na hora de dormir, minha mãe orava pedindo paz para nossa casa e forças para enfrentar o novo dia que viria. Mamãe acreditava, e acredita até hoje, que a prece é a vivência real das coisas e que tudo o que fazemos, por mais comum e rotineiro que seja, Deus entende como oração.

Hoje sei, filhas e filhos, que mamãe foi nossa intercessora em todos os momentos da vida, nos bons e nos maus, e que suas orações contribuíram para que eu descobrisse minha vocação religiosa e me dedicasse em tempo integral ao sacerdócio.

No livro *Praticando a presença de Deus*, o carmelita Irmão Lawrence, nascido na França em 1611, diz que quando descobriu que o Senhor estava presente em todos os momentos de sua vida, fez dessa comunhão, assim como eu fiz, seu ofício e profissão. Recomendo, filhas e filhos, que busquem a sintonia constante com Deus. Essa é a Metanoia que Ele quer para nós. Reservar um tempo para rezar é essencial para essa comunicação com o Divino. Nossa fé precisa ser nutrida do mesmo jeito que nos alimentamos para manter a saúde do corpo físico. Sem refeições, ficamos fracos e anêmicos; sem orações, sofremos de fraqueza e anemia espiritual.

Entre uma atividade e outra do nosso dia a dia, tentem fechar os olhos por alguns segundos e elevar o pensamento a Deus, tentem entrar em comunhão profunda com Ele. São alguns momentos apenas, de curta duração, mas são mais que preciosos. Pequenos momentos de Metanoia que certamente mudarão sua vida.

Também precisamos recuperar, filhas e filhos, o hábito de rezar o rosário. Eis uma forma poderosa de afastar de nós as forças do mal. Gasta-se cerca de meia hora, e quando feito com concentração e amor à Nossa Senhora, nem percebemos o tempo passar. Hoje em dia, até a tecnologia ajuda a fé. Existem aplicativos que nos permitem rezar enquanto caminhamos pela cidade ou pedalamos a bicicleta ergométrica na academia.

Nós, católicos, temos esta graça que é a presença de Jesus na Eucaristia. Cristo vive nos sacrários. Entrem, filhas e filhos, na primeira igreja que encontrar pelo caminho, nem que seja somente para se ajoelharem diante do Santíssimo. Mas, se quiserem fazer dessa experiência algo mais transformador, tentem ouvir o Senhor no silêncio de seus corações. Rezem um Pai-Nosso. Entreguem sua vida nas mãos Dele. Jesus cuidará de vocês. Os poucos minutos dessa visita à Casa de Deus os deixarão mais leves e seguros. Orar é a melhor maneira de se conectar ao Todo-Poderoso.

Estar com Jesus é estar com Deus. O próprio Cristo deixa isso bem claro no Evangelho de São João, quando diz que Ele é o caminho, a verdade e a vida e que ninguém chega ao Pai senão por Ele. Diante da incredulidade dos apóstolos Tomé e Filipe, Jesus explica que está no Pai assim como o Pai está Nele. Em seguida, reforça o poder da oração para se chegar a Deus: "E tudo o que pedirdes ao Pai em meu nome, vo-lo farei, para que o Pai seja glorificado no Filho" **(Jo 14,13)**.

Eu costumo dizer, filhas e filhos, que a oração move montanhas porque é a prática da fé. Tudo é possível para aquele que reza e crê. Em meu site (http://www.padremarcelorossi.

com.br), vocês podem escolher alguns terços e orações para rezar no dia a dia, de acordo com seu momento ou necessidade. O que vocês precisam saber é que a oração tem poder. É fonte de Metanoia. Transforma a pessoa no mais íntimo de seu ser, refina os sentimentos, renova a maneira de ver e de compreender o mundo. Vamos começar a orar e a derramar nossos corações no Altar do Senhor. Felizes aqueles que praticam a oração, pois deles é o Reino dos Céus.

MEDITAÇÃO

A palavra de Cristo permaneça entre vós em toda a sua riqueza, de sorte que com toda a sabedoria vos possais instruir e exortar mutuamente. Sob a inspiração da graça cantai a Deus de todo o coração salmos, hinos e cânticos espirituais. **(Cl 3,16)**

Logo, a fé provém da pregação e a pregação se exerce em razão da palavra de Cristo. **(Rm 10,17)**

Traze sempre na boca (as palavras) deste livro da lei; medita-o dia e noite, cuidando de fazer tudo o que nele está escrito; assim prosperarás em teus caminhos e serás bem-sucedido. **(Js 1,8)**

Meditar, filhas e filhos, também é, de certo modo, uma forma de oração, mas que se pratica de outro jeito. Meditação, para nós, católicos, é refletir sobre a Palavra Divina. Há na

Bíblia várias passagens em que o verbo meditar é menciona-do. Uma delas está no primeiro livro dos Salmos: "Feliz aquele que se compraz no serviço do Senhor e medita sua lei dia e noite" **(SI 1,2)**. Devemos seguir esse exemplo, amados. Meditar sobre a Palavra Divina abre caminho para uma Metanoia em nossa vida. Reservar alguns momentos do seu dia para isso ajuda a organizar os pensamentos e a obter mais paz e harmonia interior.

Você pode fazer como os monges nos mosteiros ou os padres e freiras das várias congregações católicas que praticam a Liturgia das Horas. São orações feitas ao longo do dia, em geral pela manhã (laudes), à tarde (vésperas) e à noite (completas), quando se para tudo o que se está fazendo para louvar a Deus e meditar sobre a Palavra Divina. Existem livros que trazem as preces, os hinos e os salmos para celebrar a Liturgia das Horas em casa.

A Lectio Divina (Leitura Orante) é um outro modo de ler a Bíblia. Os monges a adotam nos mosteiros para mergulhar fundo na palavra de Deus. Consiste na leitura e releitura de trechos bíblicos até que o sentido dos versículos fique bem claro em seu entendimento e seja depositado em seu coração. O segundo passo é colocar em prática o que foi absorvido a partir dessa meditação. É fazer da Bíblia o nosso manual de vida.

A cada novo dia haverá sempre um novo versículo, uma nova meditação, uma nova inspiração do Espírito Santo e uma nova revelação para ser posta em prática. É assim que Deus vai transformar sua vida até o dia do encontro definitivo com Ele. Muitas comunidades da Renovação Carismática estão adotando este método de leitura e de vivência da Palavra Divina. Ele gera muitos bons frutos, pois além de renovar a mente com os ensinamentos e a graça de Deus, colocamos em prática o que aprendemos, algo fundamental para a vida cristã.

Senhor Jesus, eu creio no poder da prece para que uma Metanoia aconteça na minha maneira de pensar e agir.

Dá-me entendimento para que eu comece a fazer do meu trabalho um instrumento de oração. Que cada atividade minha, por mais simples que seja, transforme-se em um ato de louvor a Ti.

Quero aproximar-me cada vez mais de Tua Divina Presença e para isso farei da minha vida uma oração constante. Esteja comigo, Senhor, sempre que eu fraquejar e pensar em voltar a ser a pessoa fechada em mim mesmo(a) que fui antes.

Que minha vida não se resuma a palavras, mas transborde em todas as minhas ações. Eu quero ser uma nova pessoa, que Te ama e confia em Teu amor.

Todas as orações que eu fizer, a partir de hoje, serão em louvor a Ti.

Aumente, Senhor, a minha fé, para que eu seja digno(a) da Tua misericórdia.

Amém.

9
Metanoia em nosso desânimo

13 *Consciente de não tê-la ainda conquistado, só procuro isto: prescindindo do passado e atirando-me ao que resta para a frente,* **14** *persigo o alvo, rumo ao prêmio celeste, ao qual Deus nos chama, em Jesus Cristo.* **(Fl 3,13-14)**

1 *Desse modo, cercados como estamos de uma tal nuvem de testemunhas, desvencilhemo-nos das cadeias do pecado. Corramos com perseverança ao combate proposto, com o olhar fixo no autor e consumador de nossa fé, Jesus.* **2** *Em vez de gozo que se lhe oferecera, ele suportou a cruz e está sentado à direita do trono de Deus.* **3** *Considerai, pois, atentamente aquele que sofreu tantas contrariedades dos pecadores, e não vos deixeis abater pelo desânimo.* **(Hb 12,1-3)**

8 *Em tudo somos oprimidos, mas não sucumbimos. Vivemos em completa penúria, mas não desesperamos.* **(2Cor 4,8)**

Amados, estamos diariamente em luta espiritual contra o Mal. É uma luta quase sempre invisível porque, em geral, não acompanhamos o seu desenrolar, percebemos apenas os seus efeitos e, então, pode ser tarde demais. O objetivo do Maligno é nos ver infelizes e uma de suas principais armas para nos dominar e nos vencer é o desânimo. Quanta gente não perde as melhores oportunidades de sua vida em razão desse terrível estado de espírito. Quantos planos abandonados, quantos sonhos desfeitos! Uns perdem bons empregos, outros perdem o grande amor de sua vida, uns perdem a saúde, outros se perdem da família e de velhas amizades. Muitos perdem a fé. Esta talvez seja a pior das perdas. Perdem a fé no futuro, a fé em si mesmos e até a fé na vida.

Para ver os resultados do Mal, basta ligar a TV, o rádio ou entrar na internet. Imediatamente somos bombardeados por notícias ruins. Guerras, catástrofes, crimes, corrupção, mentiras, atrocidades. E lá se vai a fé na humanidade. E lá se vai a fé em nossos irmãos. E lá se vão as esperanças. Este é outro grande perigo. Quando perdemos a esperança, damos ainda mais espaço ao desânimo, abrimos uma porta imensa para que o Mal se instale em nós. O desânimo faz com que as sementes do Mal frutifiquem em nossos pensamentos e em nossa maneira de enxergar as pessoas e as situações que precisamos enfrentar.

Somente com uma Metanoia podemos arrancar qualquer vestígio de desânimo de nossa mente. Como fazer para que essa mudança aconteça? Semeando sempre a esperança em nosso coração e bons pensamentos em nossa mente. Precisamos conviver dia e noite com a convicção de que com Deus tudo vinga, tudo pode melhorar.

Enquanto escrevo este capítulo, o Brasil vive uma das piores crises de sua história. Milhares de pessoas estão desempregadas, endividadas, desesperadas, sem saber o que fazer para sustentar suas famílias. Hospitais estão fechando ou funcionando precariamente, deixando milhares de enfermos sem atendimento. Todos os dias, essas pessoas me procuram pedindo um consolo, uma saída. Vão até o Santuário Mãe de Deus em busca de luz. Eu digo a eles o que vou repetir aqui. Só temos uma Luz: o Filho de Deus, Jesus Cristo. É segurando nas mãos Dele que devemos enfrentar a falta de ânimo e a sensação de impotência que uma situação dessas provoca. Para transformar seus pensamentos, lembrem-se do que disse Jesus àqueles que acreditavam nele: "Se permanecerdes na minha palavra, sereis meus verdadeiros discípulos; conhecereis a verdade e a verdade vos livrará". **(Jo 8,31-32)**

Jamais me esqueci de uma mulher que me procurou no mais completo desespero. Ela enviuvou ainda jovem. Ficou com três filhos pequenos para criar e não sabia o que fazer.

Até então, essa mulher havia sido apenas dona de casa, embora tivesse um diploma universitário. Formara-se em Pedagogia pouco depois do casamento, mas optou por cuidar da casa e dos filhos. Disse-me que a falta de experiência profissional era um enorme empecilho para arranjar emprego. Já estava cansada de ouvir tantos nãos dos empregadores, que apontavam de imediato essa "falha" em seu currículo. Enquanto ela falava, percebi que em vez de impulsioná-la, a situação difícil em que se encontrava empurrava-a cada vez mais para a inércia. O desânimo fazia parte de sua personalidade. A viuvez apenas havia deixado mais evidente a falta de iniciativa que sempre a acompanhou ao longo da vida. O desânimo provinha também de uma autoimagem negativa, que a fazia se sentir incapaz e insegura.

Imediatamente, a situação da mulher trouxe-me à mente as palavras que São Paulo dirigiu aos romanos e que falam das habilidades que Deus deu a cada um de nós e que, embora sejamos muitos, formam um só corpo em Cristo. Abri o Novo Testamento e lemos juntos: "Temos dons diferentes, conforme a graça que nos foi conferida. Aquele que tem o dom da profecia, exerça-o conforme a fé. Aquele que é chamado ao ministério, dedique-se ao ministério. Se tem o dom de ensinar, que ensine" **(Rm 12,6-7)**. Ela me olhou e parecia tanto surpresa quanto reconfortada. Aconselhei-a a procurar dentro de si a missão que Deus lhe havia confiado, a graça divina que lhe fora dada e que ela ainda não havia descoberto. Isso certamente a levaria a uma Metanoia que mudaria sua vida. São Paulo fala de Metanoia quando diz: "Não vos conformeis com este mundo, mas transformai-vos pela renovação do vosso espírito, para que possais discernir qual é a vontade de Deus, o que é bom, o que lhe agrada e o que é perfeito" **(Rm 12,2)**.

Meses depois, ela me procurou novamente. Parecia outra pessoa. Disse-me que estava certa de que tinha nascido para o magistério. Havia entrado em contato com ex-colegas de faculdade que lhe sugeriram prestar concurso público. Tornou-se professora e assim enfrentou o desafio de criar e educar os três filhos. Trocou o desânimo pela fé e pela renovação do modo de pensar. Hoje é coordenadora pedagógica de uma escola e, sempre que vem falar comigo, mostra-se cheia de entusiasmo e coragem, confiante no futuro.

Todos os dias, vejo pessoas passando por problemas e se revoltando, blasfemando contra Deus, queixando-se de que quanto mais rezam, mais as coisas pioram. Infelizmente, essas pessoas não entenderam que, para conquistar o Céu, é preciso enfrentar uma luta diária. Primeiro, uma luta contra nós mesmos, contra a nossa falta de ânimo, contra nossa falta de iniciativa. Depois, uma luta contra o mundo, com suas dificuldades, seus perigos e seus desafios. Em terceiro lugar, uma luta contra o Mal, que quer nos confundir e nos desanimar para, enfim, nos derrubar. O Céu não está aqui. Nesta vida temos somente momentos de felicidade. A maior parte do tempo estamos em luta com problemas, decepções e tristezas. Precisamos enfrentá-los com coragem para que um dia alcancemos a Felicidade Eterna.

Precisamos aprender a ser guerreiros e, para isso, Deus nos dá a capacidade da têmpera. Sabem o que é isso, filhas e filhos? É ter firmeza em nossos propósitos. É ter austeridade de caráter. Não é por acaso que se usa essa palavra para definir o tratamento que se faz no aço para torná-lo mais resistente. Do mesmo modo que o operário de uma siderúrgica trata o aço para fortalecê-lo, Deus quer que nos fortaleçamos para enfrentar as dificuldades da vida. Precisamos de têmpera para vencer a falta de ânimo que nos paralisa. Precisamos vencer o Mal que se disfarça de desânimo para nos destruir.

Filhas e filhos, não desanimem nunca. Quando a descrença em suas próprias forças recair sobre vocês, quando duvidarem de sua capacidade de realização, lembrem-se do que disse Davi ao filho Salomão: "Sê forte e corajoso! Mãos à obra! Não temas e não te amedrontes; pois o Senhor, meu Deus, estará contigo. Ele não te desamparará nem te abandonará até que tenhas acabado tudo o que se deve fazer para o serviço do templo" **(1Cr 28,20)**. Permitam que essas palavras abram espaço para uma Metanoia em seus pensamentos, uma Metanoia que derrote para sempre toda e qualquer manifestação de desânimo em sua vida. Mãos à obra!

Corramos a cada dia, amados, com força e coragem em direção ao nosso objetivo maior: Deus.

OREMOS

Senhor Jesus, refletindo sobre as palavras de Padre Marcelo, peço que uma Metanoia se instale em meus pensamentos. Que o desânimo, que ao longo de minha vida me impediu de alcançar os meus sonhos, seja varrido do meu caminho.

Que em seu lugar, o Espírito Santo deposite a esperança e a perseverança para eu atingir os meus objetivos.

Eu sei, Senhor, que com esse novo ânimo poderei ajudar não só a mim mesmo, mas a todos que estão ao meu redor ou que dependem de mim. Que possamos ver as coisas pela fé, pois ela nos leva além.

Quero ser um semeador de boas palavras aonde eu for para que mais gente possa acreditar em si mesma e viver de acordo com os princípios bíblicos do amor, do perdão e da misericórdia.

Obrigado, Mãe Maria, pela sua intercessão em minha busca por coragem e ânimo. Amanhã será mais um dia para acreditar em mim e na minha vontade de realização.

Amém.

10

Metanoia em nossa autoestima

5 *Que teu coração deposite toda a sua confiança no Senhor! Não te firmes em tua própria sabedoria!* **6** *Sejam quais forem os teus caminhos, pensa nele, e ele aplainará tuas sendas.* **(Pr 3,5-6)**

6 *Por esse motivo, eu te exorto a reavivar a chama do dom de Deus que recebeste pela imposição das minhas mãos.* **7** *Pois Deus não nos deu um espírito de timidez, mas de fortaleza, de amor e de sabedoria.* **(2Tm 1,6-7)**

Minhas filhas e meus filhos, começo este capítulo com uma pergunta: alguma vez em suas vidas vocês já se disseram coisas deste tipo?

Ninguém se importa comigo.
Eu não sirvo pra nada mesmo!
Se eu morrer amanhã, ninguém vai sentir a minha falta.
Eu sei que não vou conseguir.
Isso não é para mim!
Nem vou me inscrever, sei que não vou me classificar.
Sou feia demais para ele ou *Sou feio demais para ela.*
É muita areia para o meu caminhãozinho.
Ai, que ódio de mim!

Eu, sinceramente, espero que não tenham se magoado desse jeito. Já me fiz várias dessas autocríticas derrotistas em um momento muito difícil de minha vida e conheço o sofrimento que essas palavras representam. Quem acompanha minha carreira ou leu meus livros anteriores sabe que passei um longo período mergulhado em uma depressão profunda. Naquela época, minha autoestima foi bastante afetada. Pus em dúvida a capacidade de evangelizar e cheguei até a pensar em abandonar o sacerdócio. Só não abandonei a minha fé. As orações e leituras diárias da Bíblia me deram a força de que eu precisava para me reerguer.

Todas essas sensações e julgamentos que listei anteriormente como exemplos – existem, infelizmente, muitos outros! – expressam sentimentos próprios de quem não está feliz consigo mesmo e não tem autoconfiança. Ou seja, são sentimentos típicos de quem tem baixa autoestima. E o que vem a ser isso? Equivale a dizer que são pessoas que têm pouco amor por aquilo que são, pessoas que não se amam, não se dão valor e sempre acham que os outros são melhores, são campeões em tudo, só elas é que são perdedoras, incapazes, atrapalhadas e inseguras. Pessoas assim dependem da opinião dos outros para qualquer coisa que vão fazer. Precisam disso para se sentir aprovadas e amadas. O curioso é que, ao mesmo tempo, exigem demais de si, são os piores críticos de si próprios e não admitem errar. Quando erram, já tiram o seu chicotinho do bolso e se martirizam dizendo: "Ah, como sou besta!" ou "Não presto para nada mesmo!".

Minhas filhas e meus filhos, caso tenham se identificado com estes sentimentos, então eu digo que está na hora de vocês buscarem uma Metanoia em sua autoestima. Está na hora de levantar a cabeça e dizer: "Eu sou um filho de Deus, com Deus tudo posso!".

Em primeiro lugar, entendam que, se estão aqui e agora neste mundo, é porque o Senhor tem um plano para vocês. Ele tem um plano para cada um de nós e todos somos importantes para o Seu propósito. Todos somos filhos de Deus. Somos abençoados. É o que diz São João em sua primeira carta: "Considerai com que amor nos amou o Pai, para que sejamos chamados filhos de Deus. E nós o somos de fato". **(1Jo 3,1)**

Acreditem, filhas e filhos, Deus pode mudar essa imagem tão negativa que vocês fazem de si mesmos. Deus quer nos ver fortes e felizes para que participemos de Sua obra. Ele pode mudar os hábitos de vocês. Se até hoje alguns de vocês não conseguiram parar de fumar, creiam em Deus e terão a força de vontade necessária para isso. Pois atrás dessa dificuldade está a voz da sua baixa autoestima dizendo: "Você não vai conseguir! Você não é capaz!". Isso vale para todas as outras dificuldades, inclusive para a própria baixa autoestima. Deus está em vocês. Lembrem-se sempre de que são filhos Dele. Como pode um filho de Deus se sentir menos que seus outros irmãos?

Claro que, para isso, você tem que dar o primeiro passo, dizendo: "Sim, Jesus, eu quero Metanoia, vem em auxílio da minha fraqueza, da minha pequenez". Foi exatamente o que fiz em meus dias de luta comigo mesmo, quando minha autoestima estava no chão.

O segundo passo é abrir a Bíblia e mergulhar nas palavras de Deus. Mesmo em meus piores dias de depressão, eu não a abandonei e dela tirei a força de que precisava. Por isso, sei que o mesmo acontecerá a vocês. Lá encontrarão todas as respostas de que precisam. Lá encontrarão o amor de Jesus e a certeza de que, guiados por Sua luz, não há motivo para se sentirem mais incapazes que os demais irmãos.

Costumo dizer, de brincadeira, que, para descobrir a missão que Deus nos reservou, para saber qual é o nosso papel nesta vida, é preciso ler o nosso "manual de fabricação". E qual é ele? A Palavra de Deus, nosso Criador. Como descobriremos o que está reservado a nós se não abrirmos a Bíblia? Amados, quando vocês permitirem que a Palavra de Deus crie raízes profundas em seu espírito, estarão permitindo que a vontade de Deus se realize na sua vida. Vocês darão os bons frutos que nasceram para plantar e estarão livres das amarras que os prendem na baixa autoestima. Deus cura. Está escrito no Livro da Sabedoria de Salomão: "Não foi uma erva nem algum unguento que os curou, mas a vossa palavra que cura todas as coisas, Senhor." **(Sb 16,12)**

Algumas pessoas me procuram no Santuário Mãe de Deus ou escrevem para o meu programa de rádio em busca de soluções para seus problemas e, muitas vezes, não percebem que a fonte de tudo está na baixa autoestima que carregam consigo. Dois testemunhos, em especial, me marcaram fundo e nunca os esqueci.

O primeiro deles foi o de uma jovem mulher, viúva e mãe de um garoto de três anos. Ela me contou que sua vida, desde a infância, foi muito difícil. Tinha nascido com um problema nos tornozelos que poderia ter sido corrigido caso usasse botas ortopédicas, mas sua família não se importou com isso. Ela ficou então com os tornozelos largos demais e cresceu se achando feia por causa desse "defeito". Sofria *bullying* do próprio padrasto, que a chamava de "perna de pilão". Costumava usar sapatos de cano alto ou saias longas para esconder os pés. Para piorar o complexo, quando casou, o marido, homem ciumento, enquanto viveu repetiu que ela seria a mulher mais linda do mundo não fossem os tornozelos defeituosos para estragar tudo.

Quanta maldade desse marido! E quanta maldade contra si própria essa moça cultivou. O que eu via diante de mim era uma bela mulher e, no primeiro momento, brincando, perguntei se ela não tinha espelho em casa. Ela sorriu, mas era evidente que não acreditava em sua beleza externa, como também em nenhuma das qualidades espirituais, na beleza interna, que eu supunha que tivesse. Recomendei que lesse a Bíblia diariamente e que voltasse a me procurar dentro de algum tempo. Garanti que a cura para a sua autoestima baixa estaria ali. Foi o que ela fez. Quando voltou, eu quase não a reconheci. Trazia o mesmo belo rosto, só que agora cheio de confiança e alegria. Disse-me que encontrou a cura nas parábolas de Cristo e em exemplos como o de Jó, que perseverou até o fim diante das provações. Percebeu que passou a vida infeliz, preocupada com um pequeno detalhe, quando tinha tantas coisas boas dentro de si para oferecer ao filho e a quem cruzasse em sua vida. Estava agora fazendo o vestibular porque pretendia cursar Psicologia e poder ajudar mais pessoas que tivessem problemas de autoimagem e autoestima.

O outro testemunho ouvi de uma mulher que trabalhava no serviço de limpeza de uma grande multinacional. No final do ano, a empresa sorteou passagens de ida e volta para Nova York, com todas as despesas pagas, e ela foi uma das contempladas. O presente virou uma tortura porque a mulher não se achava merecedora daquilo. Contou-me que desistiu de ir porque nunca havia viajado de avião e tinha medo de não se comportar de acordo durante o voo, e que as outras pessoas premiadas, que estariam no grupo de viagem com ela, tinham cargos mais elevados e sabiam falar inglês, ao contrário dela. Estava na cara, dizia, aquilo não era para ela. Ficou tão nervosa que passou o prêmio para um colega de trabalho, que, quando voltou, contou o quanto se divertiu e foi bem tratado durante toda a viagem.

Eu disse a essa mulher que respeitava sua decisão, mas que ela havia desistido da viagem por baixa autoestima. Por culpa do baixo conceito que fazia de si mesma, ela havia perdido a oportunidade de conhecer um lugar diferente que, de outro modo, seria quase impossível conhecer. E lembrei-a também de que, em nenhum momento, ela havia considerado que Deus estaria a seu lado, garantindo que o passeio fosse só alegria. Recomendei que ela reservasse um momento do dia para ler a Palavra de Deus e que abrisse seu coração para que Jesus pudesse promover uma Metanoia em sua autoestima. Meses mais tarde, quando me procurou de novo, perguntei: "E se fosse hoje, você iria?". A resposta foi imediata: "Com certeza! Com a graça de Deus!".

Filhas e filhos, a Bíblia nos dá exemplos e ensinamentos importantes não apenas para a nossa vida espiritual como também para o nosso dia a dia. Estamos aqui de passagem e, volto a dizer, a Bíblia é o nosso manual de instrução que nos guia pelos caminhos que devemos seguir. Quando nos preenchemos da Palavra de Deus, ganhamos mais clareza para tomar qualquer tipo de decisão, encontramos coragem para enfrentar nossas dificuldades e viver mais felizes. Não se preocupem com o que os outros falam de vocês e não se deixem abater por críticas destrutivas. Segurem a mão de Jesus e sigam seus destinos, tracem o seu caminho. Acreditem no que vocês podem fazer por si mesmos e pelos outros. Façam tudo com amor, façam tudo por amor, pelo amor do Pai, do Filho e do Espírito Santo. Vocês terão a certeza de que cada um de seus atos carregará a essência da Eternidade.

OREMOS

Jesus, eu te consagro meus pensamentos e tudo o que eu sou.

Quebra todas as inverdades colocadas em minha mente e em meu coração, seja por pessoas maldosas, seja pelo Inimigo de nossas almas.

Faça com que eu passe a ser mais gentil comigo mesma(o), aprendendo com meus erros a ser mais forte para tentar de novo.

Que eu não me critique mais, que eu não exija de mim mais do que posso dar, que eu reconheça meus limites sem que isso seja entendido por mim como incapacidade ou derrota.

Que a cada dia minha vontade de ler a Bíblia aumente e que eu reserve um tempo diário para isso. Faça com que minha autoestima seja transformada por ela.

Que eu entenda que a nossa vida só tem significado e valor quando somos guiados pela Palavra de Deus.

Que eu entenda que quem conhece o meu verdadeiro valor é Aquele que me criou. Só a Ele devo dar ouvidos, só Ele pode julgar meus atos, só Ele pode me apontar caminhos.

Entrego a ti, Jesus, todas as minhas dúvidas e inseguranças, pois sei que, caminhando a seu lado, elas deixarão de existir.

Amém.

11
Metanoia pela cura interior

17 *Todo aquele que está em Cristo é uma nova criatura. Passou o que era velho; eis que tudo se fez novo!* **(2Cor 5,17)**

16 *Vivei sempre contentes.* **17** *Orai sem cessar.* **18** *Em todas as circunstâncias, dai graças, porque esta é a vosso respeito a vontade de Deus em Jesus Cristo.* **(1Ts 5,16-18)**

Amados, antes de mais nada, quero definir o que é para nós, católicos, a cura interior. Muitos usam essa expressão sem conhecer o seu significado exato. Do mesmo jeito que um psicoterapeuta trata de traumas de infância, a cura interior é um processo em que, a partir de nossa fé, o Espírito Santo trata das feridas da nossa alma. Essas feridas são dores antigas, que nos atingiram em algum momento de nossa existência, humilhações que nos foram impostas, separações doloridas que tivemos de enfrentar, agressões às quais não reagimos na hora, porque somos cristãos e oferecemos a outra face. O ressentimento, no entanto, fica lá, pelo resto da vida, nos incomodando e impedindo o crescimento espiritual. São feridas que nunca cicatrizam porque não conseguimos perdoar. São acontecimentos ruins do passado que temos dificuldade de deixar para trás e que ficam doendo continuamente em nossa alma, impedindo que a gente siga em frente, inteiros e corajosos, na direção de nosso futuro. A cura interior lava nossa alma dessas chagas e provoca Metanoia em nossa vida.

Desde que me ordenei sacerdote, ouço confissões e desabafos de pessoas que me procuram para aliviar suas dores e pedir perdão por seus pecados. Desde bem cedo percebi que muitos desses lamentos vinham do passado, de atos praticados impensadamente ou de situações desagradáveis e injustas impostas a esses irmãos. Eram pessoas necessitadas de cura interior.

Então, filhas e filhos, vocês podem me perguntar: como podemos abrir nosso coração para que o Espírito Santo nos cure de dores do passado? Minha resposta é: pela oração. Foi por isso que decidi incluir neste capítulo uma prece de cura interior. Façam-na em silêncio ou em voz alta, mas com muita fé em Deus e no Espírito Santo. Feita assim, essa oração vai curar vocês de todo o sofrimento que venha de algum momento ruim de suas vidas. Só a graça do Senhor e do Espírito Santo pode dar o alívio aos corações machucados e oprimidos.

Eu, Padre Marcelo, peço a Deus que me use para curar os corações de todos os que passaram por situações adversas. Situações que deixaram marcas na alma e que, por causa delas, ainda não puderam encontrar a paz e a felicidade. Que o poder do Espírito Santo ultrapasse as palavras impressas neste livro e traga a Metanoia necessária para renovar a sua vida.

Minha filha, meu filho, neste momento vamos entrar em profunda oração. Ponha os problemas de lado e mentalize Jesus Cristo em um lindo jardim, sorrindo amorosamente, e de braços abertos para acolher você. Ele toma sua mão e diz: "Venha, minha Filha, venha, meu Filho, eu quero curar você".

Sem soltar sua mão, Jesus se encaminha para o recanto mais belo do jardim, onde o sol da manhã ilumina tudo e as flores exalam diferentes perfumes. Ele, então, senta-se lado a lado com você em um banco. De repente, uma imensa tela abre-se diante de seus olhos. Jesus explica: "Vamos assistir juntos ao filme de sua vida e eu curarei todas as feridas causadas pelos momentos difíceis pelos quais você passou".

Começa o filme e Jesus descreve: "Se você não teve a graça de conhecer seus pais, eis sua mãe e seu pai biológicos. Deus está curando você de toda a tristeza causada por isso". E Jesus continua: "Se você conheceu seus pais biológicos, mas foi criado em um ambiente de brigas e de desentendimentos, retiro para sempre essa dor de sua mente. Apago também todo ato praticado sem amor no instante de sua concepção. Se você não foi uma filha ou um filho desejado(a), se veio a este mundo por acidente, retiro essa mágoa do seu inconsciente".

O filme de sua vida prossegue e você se vê em seus primeiros meses de existência. Tudo o que possa ter lhe traumatizado nessa fase, e que você carrega consigo até hoje, Jesus cura com um só gesto. Medos, inseguranças, ansiedades, muitas vezes passadas involuntariamente para você por própria mãe, tudo desaparece. Se ela sofreu de depressão pós-parto e não pôde dar a atenção e o carinho de que você, bebê, necessitava, esse sentimento antigo de abandono deixa, a partir de hoje, de atrapalhar sua vida atual.

Agora, você assiste a como foi sua vida até os cinco anos de idade. Jesus então lhe cura do medo de morrer, que ainda o persegue no presente e que teve origem em sua saúde frágil da primeira infância, quando você, por diversas vezes, foi levado ao pronto-socorro e ao hospital. Sua mania atual de tomar remédios e de sofrer com doenças imaginárias, que têm a mesma raiz, também são curados. Jesus livra você do ciúme e da raiva que sentiu quando seu irmãozinho ou irmãzinha nasceu. Ele o cura do medo de ser posto de lado e que ainda hoje reaparece em seu ambiente de trabalho ou em sua vida familiar. Jesus cura você da sensação de abandono deixada pela primeira vez em que você foi levado à escola (e que pensou que ninguém voltaria para buscá-lo!), a mesma sensação que vem à tona hoje em seus relacionamentos.

O filme da sua vida segue em frente e mostra o que aconteceu com você dos seis até os dez anos de idade. Mostra sua dificuldade de aprender a ler e a escrever, mostra o *bullying* que sofreu por parte dos colegas da escola e da vergonha que sentiu quando foi repreendido na frente de todos pela sua professora. Jesus cura você de tudo isso. E também dos eventuais abusos sofridos por parentes ou adultos sem escrúpulos que, hoje, se refletem em sua vida sexual e atrapalham seu casamento e relacionamentos. Jesus tira essa dor de sua alma.

O filme da sua vida prossegue mostrando sua vida dos onze aos dezoito anos. Jesus limpa de seu coração toda a revolta que você direcionou contra seus pais e seus professores. Uma rebeldia sem causa, mas que você exerceu por não se sentir amado e aceito como gostaria. Jesus apaga também as feridas deixadas por amigos que o levaram para o mundo do álcool, do fumo e das drogas. Apaga as marcas deixadas pelo exercício de uma sexualidade descartável. Apaga a frustração de quem não pôde concluir os estudos porque precisou trabalhar desde bem cedo para ajudar nas finanças da família.

O filme de sua vida chega ao período de seus dezenove aos vinte e cinco anos. Nele você revive todas as decisões erradas que tomou, seja profissionalmente, seja na vida pessoal. Revê as oportunidades que bateram à sua porta e que você deixou escapar porque não lhes deu o devido valor. Relembra o seu casamento precipitado, para o qual não estava preparado porque não tinha maturidade suficiente. Jesus cura você de toda essa infelicidade. Cura da revolta que sentiu com a morte de entes queridos e que fez com que você se afastasse de Deus. Jesus o perdoa e o absolve para que você viva uma nova vida, sem culpas ou ressentimentos.

Agora você vê na tela os acontecimentos de sua vida entre os vinte e seis e os quarenta anos. Você está mais maduro, porém a tristeza permanece em seu coração. Isso porque seu cônjuge o traiu com outra pessoa. Você sofreu, blasfemou contra Deus e chegou até a perder a fé. Teve, por um momento, o impulso de cometer um crime ou de suicidar, sem nem perceber que Deus zelava para que isso não acontecesse e enviou um anjo para protegê-lo. Depois dessas cenas, Jesus lava de seu coração todas as manchas escuras de sofrimento que haviam ficado dessa época.

Seu filme continua mostrando o que você viveu após os quarenta anos. Então, você relembra como se sentiu quando foi colocado em segundo plano no trabalho, depois de se dedicar anos a fio à empresa. Assiste a sua preocupação de como irá se sustentar com a aposentadoria de valor irrisório, que mal dá para comprar os remédios de que precisa. Vê os filhos pelos quais lutou a vida inteira retribuírem seu esforço colocando-o em um asilo e depois nem ao menos aparecerem para uma visita. Você se vê perdendo a razão de viver. Jesus interrompe o filme, a tela se apaga, e Ele toca em seu coração, dizendo: "Minha Filha, meu Filho, eu sempre estive contigo. Mesmo quando você me renegou, eu nunca a(o) abandonei, porque você é preciosa(o) para mim". Você vai se acalmando com as palavras de Jesus e sente a paz penetrando em sua alma.

Jesus agora olha profundamente dentro de seus olhos, aperta suas mãos e diz com uma voz muito doce: "Minha Filha, meu Filho, seja o que for que você tenha passado e que lhe faça infeliz e descrente, eu lhe dou hoje vida nova". Jesus a(o) abraça e pede: "Daqui em diante, renda-se a mim. Permita que eu conduza seus desejos, suas decisões e seus sentimentos. Quero Metanoia em sua vida, fazendo com que a vontade de Deus se cumpra. Permita que, a partir de agora, eu seja seu único Senhor e Salvador".

Jesus se despede e você volta a seu dia a dia renovada(o), repleta(o) do Amor Divino em seu coração. Uma nova mentalidade se instalará em você. Uma nova criatura você será.

Eu, Padre Marcelo Rossi, como sacerdote *in persona Cristi*, na pessoa de Jesus, abençoo você em nome do Pai, do Filho e do Espírito Santo.

Amém.

12

O campo da batalha espiritual na mente

6 *Não vos inquieteis com nada! Em todas as circunstâncias apresentai a Deus as vossas preocupações, mediante a oração, as súplicas e a ação de graças.* **7** *E a paz de Deus, que excede toda a inteligência, haverá de guardar vossos corações e vossos pensamentos, em Cristo Jesus.* **8** *Além disso, irmãos, tudo o que é verdadeiro, tudo o que é nobre, tudo o que é justo, tudo o que é puro, tudo o que é amável, tudo o que é de boa fama, tudo o que é virtuoso e louvável, eis o que deve ocupar vossos pensamentos.* **9** *O que aprendestes, recebestes, ouvistes e observastes em mim, isto praticai, e o Deus da paz estará convosco.* **(Fl 4,6-9)**

Logo que pensei em escrever este capítulo vieram à minha lembrança os versículos anteriores. Estão na carta de São Paulo aos Filipenses, um povo que fazia parte do Império Romano. Eu sempre acreditei que nestas palavras está a rota certa para realizar uma Metanoia em nossa mente. Neles, Paulo nos indica o único caminho que leva à paz de espírito, ao equilíbrio mental e à felicidade: a perfeita comunhão com Deus.

O versículo 6 já nos traz um grande conforto: "Não vos inquieteis com nada!". O que Paulo nos pede é para que tenhamos confiança na Misericórdia Divina. Diante de qualquer inquietação que venha a perturbar nosso coração e nossos pensamentos, confiemos a Deus as nossas angústias. Seja por meio de orações ou de súplicas, apresente a Ele suas preocupações e seu sofrimento. O Senhor sempre nos escuta e age rápido para restabelecer a harmonia interior de Seus Filhos.

Este é o lado da intervenção divina, mas Paulo nos alerta para que a gente também faça a nossa parte. Você precisa preencher sua mente com tudo o que é verdadeiro, com tudo que é nobre, com tudo o que é justo, com tudo o que é virtuoso e louvável para que a paz esteja sempre em seu coração.

Vou analisar cada uma dessas condições para que o significado delas fique bem claro: "tudo o que é verdadeiro" e eu digo que só é verdadeiro o que vem da Palavra de Deus; "tudo o que é nobre" e eu digo que nobreza é superioridade moral, é praticar o bem, é ser sincero e honesto; "tudo o que é justo" e eu digo que justiça é partilhar, é exercer a igualdade e a imparcialidade; "tudo o que é virtuoso e louvável" e eu digo que virtude e louvor vêm daquele que pratica a solidariedade, que faz o bem sem esperar nada em troca e espalha as sementes do amor cristão para que elas edifiquem.

No mundo de hoje, isso está cada vez mais difícil. Na maior parte do tempo, nossa mente se alimenta de medo e de horror. Assistimos diariamente na televisão a cenas chocantes e deprimentes. São bombardeios, terrorismo, crimes bárbaros, mulheres espancadas pelos próprios maridos, crianças dizimadas pela fome e pela desnutrição. Não podemos nos deixar influenciar nem internalizar esse tipo de coisa pois é exatamente isto o que o Inimigo quer: que nossa mente esteja intoxicada pelo Mal. Ele quer nos ver vacilantes e inseguros. Pela influência do Maligno, investimos mais na descrença do que nas amorosas e eternas palavras de Deus. Os ensinamentos do Pai e do Filho deveriam ocupar nossa mente, mas não encontram espaço diante de tantos pensamentos nocivos. Cabe a nós limpar a mente de todo o Mal e preenchê-la com o Bem. Precisamos de Metanoia em nossa consciência para desocupá-la de tudo o que nos impede de ser feliz e dar espaço à compaixão divina.

Não é Deus quem permite que o Mal se instale em nosso coração e em nossa mente. O Senhor dotou os homens com o livre-arbítrio. Você sempre pode escolher de que lado ficar. Quem prefere seguir na direção contrária à do caminho de Deus está, na verdade, em um beco sem saída, escuro e repleto de perigos. É a mente descrente das palavras divinas que faz aumentar a criminalidade, os suicídios e as doenças como depressão e síndrome do pânico.

Eu, por experiência própria, digo a vocês, filhas e filhos, que é mais seguro seguir os passos de Jesus. Ele prometeu voltar à Terra e nos deixou Seus ensinamentos e Sua lição de amor para que vivamos em comunhão com Ele até o dia do Juízo Final. E são tão simples Seus exemplos: humildade, arrependimento de todos os pecados, fraternidade e amor incondicional pelo próximo.

São nesses valores que devemos investir para não contaminarmos a mente com o Mal. Sempre repito, durante os sermões no Santuário Mãe de Deus ou durante os programas de rádio, que a felicidade não está no dinheiro que se ganha, no status social que se alcança ou na fama com a qual muitos sonham. Ela está na escolha diária de se viver com simplicidade, como Jesus viveu em sua passagem pela Terra. Ela está em servir aos outros e fazê-los felizes. Nunca seremos felizes se não pensarmos na felicidade alheia. Qual é a graça de ser feliz sozinho? Felicidade é algo que se reparte como o pão. Às vezes basta uma palavra para fazer alguém feliz, basta um gesto de amizade ou de solidariedade.

A felicidade é coletiva, mas começa com uma transformação individual, começa com Metanoia, aquela que acontece quando você permite que Deus transforme a sua vida. Vale a pena lembrar das palavras que estão no Livro dos

Salmos: "Na ida, caminham chorando os que levam a semente a aspergir. Na volta, virão com alegria, quando trouxerem os seus feixes" **(Sl 125,6)**. Queira ser semente na vida do outro, semeie coisas boas em suas relações, seja em família, entre amigos ou colegas de trabalho. A felicidade será sua e de todos os que o cercam.

Filhas e filhos, lembrem-se de que o Inimigo também é um semeador, por isso, cuidado! A diferença é que ele se encarrega de espalhar as sementes do Mal. Ele nos segue, ele nos estuda, ele nos espreita querendo descobrir nossas dificuldades, nossos medos e traumas. Usa outras pessoas para nos ferir e injeta pensamentos ruins em nossa mente. A única forma de combatê-lo é por meio de orações e a leitura da Palavra de Deus, além da constante vigilância. Devemos fazer isso diariamente para manter o Inimigo sempre bem longe de nós.

Agindo assim, você alcançará a paz mental e a espiritual. Deixe que o amor e a compaixão de Deus habitem seus pensamentos e leve uma vida mais plena, mais realizada, mais equilibrada. Experimente ser mais seletivo quanto aos programas a que assiste na TV, aos filmes que vê no cinema, aos livros que lê. Não perca tempo com bobagens, atente somente para o que tem essência de Eternidade. Tudo o que somos e fazemos precisa estar em conformidade com a nossa fé e a nossa crença. Desse modo, seremos novas pessoas no novo mundo regido por Deus.

A Metanoia acontece em nossa vida a partir de um tripé:

1. Intimidade com Deus por meio da oração.

2. Eucaristia como rotina. Quanto mais você comungar, mais força terá em sua caminhada.

3. Leitura de livros: boas leituras nos moldam e nos elevam segundo o coração de Deus.

Com este tripé bem ajustado, estamos prontos para que Deus trabalhe na transformação de nossa mente. Ou seja, estamos prontos para que uma Metanoia ocorra em nossa vida.

Eu espero que tudo o que foi dito neste livro ajude você a manter o foco unicamente em Jesus. Meu desejo foi dividir com você o que Deus vem me ensinando nesta minha jornada como cristão e padre. Que a Palavra de Deus seja a rocha sobre a qual você se firma e a fonte de onde você extrai o alimento espiritual necessário para viver em paz entre nossos irmãos. É exatamente o que eu faço. Afinal, estamos apenas de passagem por este mundo. Precisamos nos nutrir do Amor Celestial para chegarmos preparados no dia de ocupar nosso lugar eterno ao lado do Senhor.

Sempre encerro meus livros com uma oração. Desta vez, quero que nos irmanemos cantando juntos em louvor a Deus e à Virgem Maria. A canção que escolhi é "Acaso não sabeis?". Se você não conhece a melodia, não tem importância. Leia os versos como se fossem uma oração. Você será ouvido por Deus da mesma forma.

Eu me consagro a ti,
mãe de Deus e minha

Eu me consagro a ti,
Mestra e Rainha

Acaso não sabeis
Que eu sou a imaculada?
Acaso não sabeis
Que tenho uma advogada?

Só quem já foi órfão
Sabe o valor do amor de mãe
Só quem já foi órfão
Sabe o valor do colo de mãe

Agradeço a você por me deixar compartilhar, neste livro, a Metanoia que Deus realizou e ainda realiza em minha vida todos os dias. Desejo que o mesmo aconteça na sua.

Com a minha bênção,
PADRE MARCELO ROSSI

Este livro foi composto na fonte Chronicle Text e
impresso em papel avena 70 g/m², na rr donnelley.
São Paulo, março de 2018.